「いい家」それは

「涼温(りょうおん)な家®」

はじめに

この本がお薦めする「®涼温な家」は、エアコンの風が嫌いで、冷暖感が肌に合わないと感じ、なおかつ、空気の質にこだわる人に打ってつけです。特殊な間取りでない限りは60坪ぐらいの広さまでなら、小屋裏か納戸に設置した1台のエアコンで「®全館涼温房」を実現できます。部屋の中からエアコンがなくなるのです。

一般的に行われている「全館空調」とは、換気経路（給気口から排気口への空気の流れ）が正反対になるので、冷暖の質感がまるで違ったものになります。冷暖感が和らぎ、日本人の肌に合うマイルドさが特徴です。あくまでも「換気」が主で、「冷暖」が従という関係ですから、梅雨時や中間期にも、これまでの全館空調の家にはなかった爽やかさが得られるのです。

家づくりで一番大切にすべきは「®住み心地」です。

建築基準法、最先端の「低炭素住宅」認定制度や省エネルギー基準などに合致し「ゼロ・エネルギー・ハウス」であれば住み心地はよくなるのでしょうか？

答えは、「否」です。

その理由は、法や制度や基準が、住み心地を左右する「換気」と「冷暖房」の選択を造り手に委ねたままにしているからです。

であれば大量生産販売を目指す造り手はもちろん、工務店でも、それらはなるべく簡単なものにしておいて、太陽光発電・蓄電池・HEMS（ホーム・エネルギー・マネジメント・システム）を新三種の神器とするスマートハウスや「ゼロ・エネルギー・ハウス」、自然素材、床暖房などを売りにして儲ける方がよいと考えるのは当然です。住宅展示場へ行かれてみると、ハウスメーカーの本音がよく分かるはずです。

家づくりでは理論や数値や経済性も大事ですが、それらでは説明できない日々の暮らしの空気感、夏冬の冷暖感が肌に合うか否かはもっと大事です。お客様のほとんどが、「涼温な家」を選択した理由について、説明に納得したからというよりも、空気感を体感して「直感的にこれはいい」と判断したからだと言われます。

「涼温な家」を体感してみると、壁掛けはもちろん天井埋め込み型にしろ、エアコンを住む人と同じ部屋で使うことが、いかにストレスとなり不快であるかに気付かれるでしょう。実際に一年以上住まわれたお客様方が語る「住み心地感想」(ii-ie.com に掲載) を、ぜひお読みください。

「百聞は体感にしかず」です。各地にある「®住み心地体感ハウス」(ii-ie.com に掲載) で「涼温な家」の快適さを味わってみてください。

わが国の家づくりは、10年一昔というほどのスピードで進化していますが、ほとんどの家の住み心地は1990年代のままです。

第1章と第2章では、何故そうなのか、問題点はどこにあるのかを探ります。第3章と第4章では、「ならばどうしたら良いのか?」、「答えを知ってから建てる家とはどういったものになるのか?」をお話しします。

「涼温な家」は、人生100年時代にこそ、あなたの老後を支えてくれる一番確かなものとなることでしょう。

私は、1972年に東京都小平市でマツミハウジングという工務店を創業し、1999年に、「『いい家』が欲しい。」を三省堂書店から出版したところ、翌年の1月23日の朝日新聞・「天声人語」に、外断熱を専門にしている工務店主として紹介されました。

「建ててしまった人は、読まないでください。ショックを受けますから」というキャッチコピーは、住宅業界に「構造・断熱の方法」に関して大きな波紋を引き起こしたのですが、この本は、住み心地の質は「換気・冷暖房の方法」によって決まるという真実をお知らせするためのものです。

第7刷発行にあたり、カバーデザインを一新し、内容の一部を加筆・修正して改訂版としました。

二〇二〇年一月

松井修三

追記
「涼温な家」は、仙台市・山形市以南（断熱基準4・5・6地域）に建てる方にお薦めします。

目次

第2章　住み心地を保証できるのか？　64

第3章 涼温（りょうおん）な家……97

終章　家に何を求めるのか？

真実が薄く乏しく軽いと、カタログは厚く豪華で重くなる。

第1章　進化する家づくり

「高気密・高断熱」の始まり

１９９０年前後から、わが国の家づくりは北欧やカナダ、北米に学ぶ先進的な工務店の挑戦によって大きく進化し始めました。いわゆる「高断熱・高気密」の始まりです。二度目のオイルショックを契機につくられた省エネルギー基準は、その後2度にわたってレベルアップが図られ、１９９９年には「次世代省エネ基準」が登場しました。「住宅性能表示制度」の温熱環境・省エネルギー対策等級の最高レベルである「等級４」を目指す家づくりです。

一方、近年になって地球温暖化による気候変動が著しくなりつつあるのではという懸念が世界的に広がっています。

そこで国は、二酸化炭素（ＣＯ２）の排出削減を、住宅の建築から生活時、リフォームそして解体処分までをトータルにして考える「ＬＣＣＭ（ライフサイクル・カーボン・マイナス）」を住宅政策の柱としました。

新たに「低炭素住宅」認定制度がスタートし、断熱強化を図るだけではなく、給湯・冷房・暖房・照明・換気に要する一次エネルギーの消費を削減し、太陽光発電などの再生可能エネルギーを活用することで、２０３０年までに、自家で消費するエネルギーを自家で創出する「ゼロ・エネルギー・ハウス（ＺＥＨ）」の標準化を目指しています。

わが国の住宅は、わずか４半世紀の間に「十年一昔」という言葉どおりのスピードで進化を遂げつつあるのです。このように、進化の過程を極めて大ざっぱに展望したのですが、これからは「高気密・高断熱住宅」を超えて、「低炭素住宅」だ、「ゼロ・エネルギー・ハウス」の時代だ、などと言われても戸惑いを覚える人が多いことでしょう。

住宅のいちばん大切な価値は「住み心地」にあると考えるならば、何も驚くことでも戸惑うことでもありません。それらがどんなプラスをもたらすものなのかを判断すればいいのです。国が補助金を付けて主導する住宅政策であっても、必ずしも住み心地にプラスになるとは限らないことがお分かりになるでしょう。

私は、昨年9月に発売した「家に何を求めるのか」（創英社／三省堂書店）で、「住み心地という視点に立つと、全ては違って見えてくる」という持論に基づく住宅論を書きました。この視点に立つことを忘れずに読み進めていただくと、この本は必ずあなたの家づくりに役立つはずです。

「外断熱（外張り）」

私は、1991年の夏に外断熱（外張り）の家をはじめて建て、工事中の現場の内部が、まるでエアコンをつけているかのような涼しさであることに驚き、感動し、以後は外断熱しかやらない工務店主となりました。

板状の断熱材を構造の外側から隙間なく、途切れるところなく連続して張るには大工の技術を必要とします。大量生産販売の造り手のほとんどが行っている内断熱（充填）のように構造の内部から詰め込んだり、吹き込んだりしたのでは柱や梁などの木部の存在によって断熱ラインが途切れ途切れとなります。工期を短縮して、安く、早く、簡単にやってのけるにはうってつけなので、グラスウールやロックウールを詰め込むやり方と、セルローズファイバー（古新聞を粉状にしたもの）やウレタンを吹き込む充填断熱工法が主流になるわけです。

しかしながら、どんなに性能が優れた断熱材を用いたとしても隙間があったり、断熱ラインが途切れたのでは「熱橋（ヒートブリッジ）」が生じるだけでなく、内部結露の危険が増大するので断熱欠陥工事となります。鉄骨造の場合は、外張り断熱をしないことには住み心地はないに等しいと言えます。

基礎も屋根も外張り断熱した「涼温な家」は、床下も小屋裏も換気されて室

〔断熱の方法による空間利用の違い〕

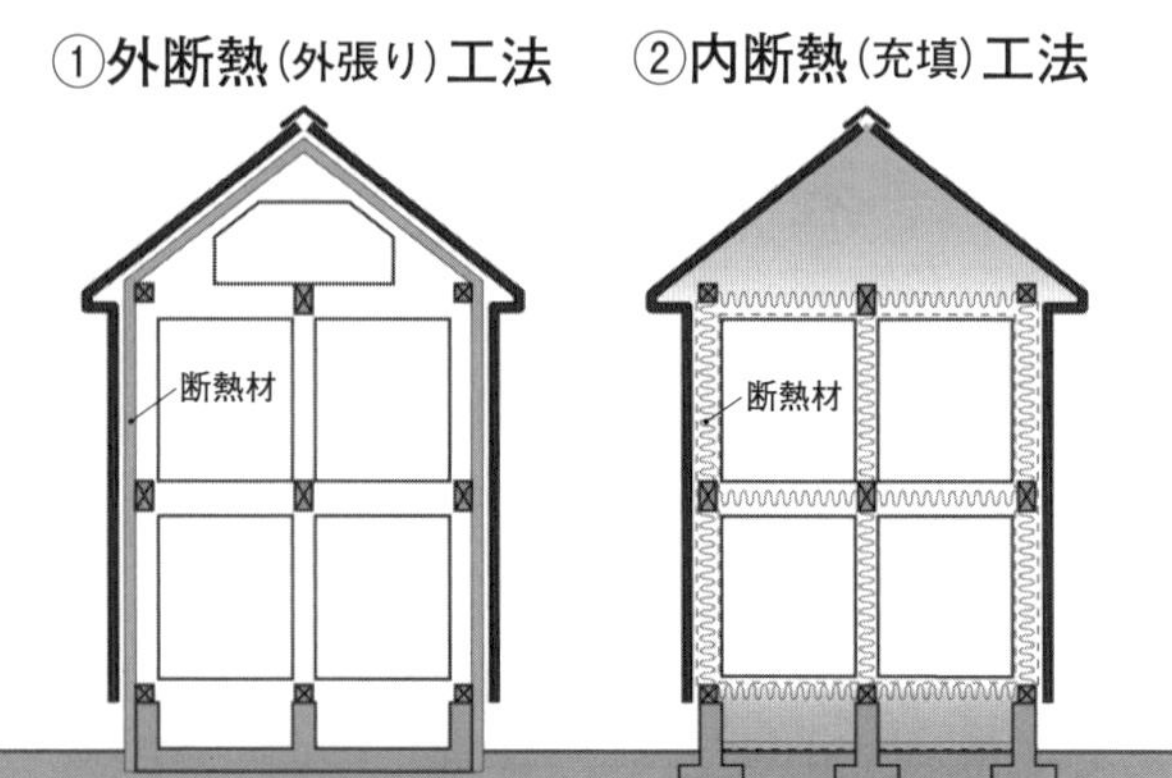

①は、②④に比べて快適利用空間が25％増える。

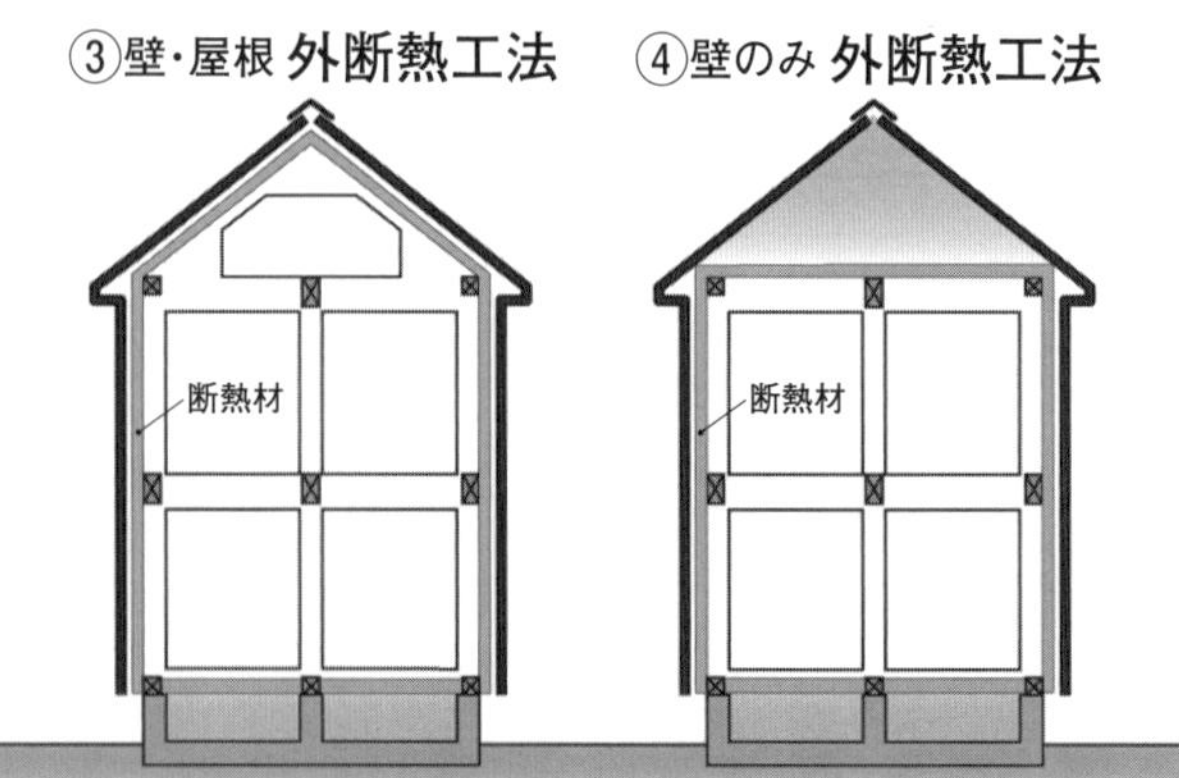

④は外断熱工法とは言えない。

内と同様の温熱環境になるので、その分、利用空間が拡大します。

学者は、外張りも充填も施工さえきちんと行えば性能的には同じだとする意見を繰り返していますが、これは理論だけを追って現場の実情を知らない発言です。「きちんと行えば」という条件が、実際にはどんなレベルで満たされるかを知ったら、とてもそんな意見は軽々しく言えなくなるでしょう。現実には、防湿・気密ラインの構築は、極めてずさんであり、消費税の駆け込み需要で突貫的に建てられた家などは、内部結露や雨漏れの危険が大です。自宅の建築に際しては後にお話しする「気密測定」を必ず実行することが大事です。

「外断熱」とシロアリ

ところで、基礎まで外断熱にするとシロアリの侵入という大変厄介な問題が発生しやすくなります。そこで、基礎を内断熱や無断熱にしてしまう造り手もいます。しかし私は、「ＭＰ工法」といって、ＪＳＰ社が開発したミラポリカというシロアリが侵入できない断熱材を用い、弱点となる隙間に特殊な硬化剤でバリアをつくって、シロアリを完全にシャットアウトするという工法を「だから『いい家』を建てる。」の著者・松井裕三と開発し特許を取得しました。シロアリに侵食されない保険が付いているとされる断熱材であっても、隙間からシロアリは侵入します。

一般的に行われているシロアリ対策は、工場で薬剤を木材の表面から均一に浸透させるために、インサイジング加工（材の表面に細かい切り込みを入れること）をしてから、密閉タンクの中に入れて高圧で薬剤を圧入するという加圧式処理法による材料を用いています。

柱や土台が薬剤で緑色に変色しているのを見かけることがありませんか？

ハウスメーカーのカタログには、「木材を腐れやシロアリの被害から守るためには、防腐・防蟻処理をする必要があり、木造建築の寿命を長くするためには忘れてはならないことです。

しかし、建築の現場で処理を行っても十分な効果を期待することはできません。そこで、工場において十分な品質管理のもとで、効果的に防腐・防蟻薬剤

シロアリ対策なしに、基礎外断熱をしてはならない！

—MP工法—

薬剤を使わない物理的防蟻工法

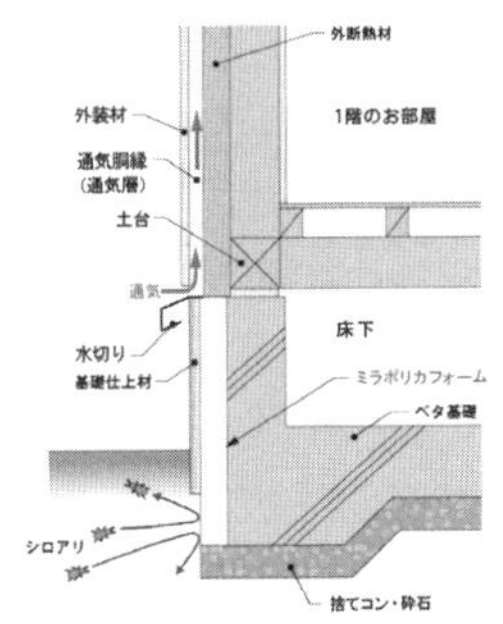

【基礎外断熱の物理的防蟻MP工法（特許）】

防湿・防蟻・耐震にすぐれた外断熱ベタ基礎

●シロアリ消毒剤を使用しないので、健康被害の心配がない。

を木材中に深く浸透させる必要があります。このような処理をした木材を防腐・防蟻処理木材といいます」といった説明書きがあります。

　しかし、たとえ人体に影響はないとしても見て触った感じは良くありません。MP工法で基礎外断熱を行えば、そのような木材を使う必要がなく、木の香りや肌色と感触を思う存分に楽しめます。「涼温な家」は、それらを大切にしています。

　また、ホウ酸がシロアリ対策になると、土台・柱・梁に吹き

基礎外断熱材の内部に作られた蟻道。

外断熱の内部が蟻道になったケース

ヒノキだからといって安心できない。無残に食い荒らされている。

かける造り手もいますが、それらの木材は人と一緒に暮らすのですから、ホウ酸を浴びせるようなことはすべきではありません。ホウ酸の効果について、京都大学が行なった実証実験では、安心できる結果が出ていません。

さて、壁だけでなく基礎も屋根も外張り断熱にすることで、両方の空間が居室と同様な温熱環境となり、基礎のコンクリートは「熱容量」という点で住み心地にプラスに作用します。小屋裏は、高さが1.4mという法的な制約はあるのですが、換気システムの置き場や収納として活用できます。外張り断熱の良い点は、充填断熱工法のように防湿層も、気流止めのためのシート張りも必要がなく、高度な気密性を確保できることです。となれば機械換気が必須のものとなり、冷暖房を一工夫してみようという発想になるのはごく自然な流れです。

防湿・気密層（ベーパーバリア）の位置が問題

「外断熱（外張り）工法」は、断熱材が防湿・気密層（ベーパーバリア）となるように施工する、つまり「高気密」に施工することが絶対条件です。構造材の外側にベーパーバリアがあるなら、内側には結露が生ずるような温度差の心配がないので、充填断熱をしてさらに断熱性を高めることが可能です。この場合は、詰め込むか、押し込むだけで十分なので、省エネルギーという視点からだけでなく、多発する異常気象に備えて断熱強化をお薦めします。いわゆる「付加断熱」です。これとは逆に、充填断熱に外張り断熱を付加する場合には、ベーパーバリアの位置を確認しておくことが大事です。

ベーパーバリアが断熱材の内側にある、つまり断熱材が構造体の中にある充填工法の場合、季節に関係なく多発する強風を伴った豪雨に見舞われたとき、雨水が浸入して滞留しても簡単に気付くことが出来なくなるからです。土台や柱が腐り、シロアリに侵食されて家が傾くまで気が付かないなどという事例も

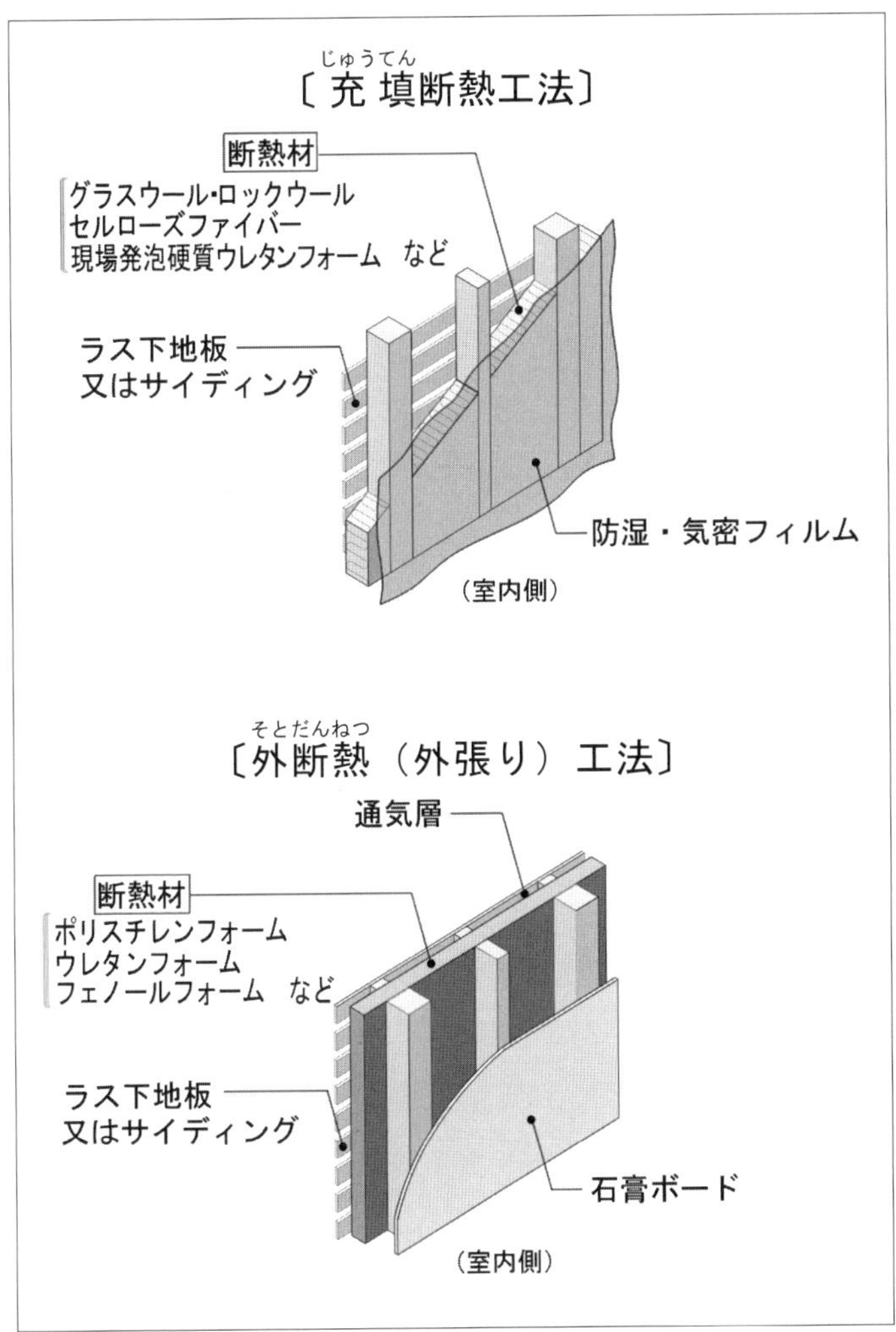

〔充填断熱工法〕
じゅうてん
断熱材
グラスウール・ロックウール
セルローズファイバー
現場発泡硬質ウレタンフォーム　など
ラス下地板
又はサイディング
防湿・気密フィルム
（室内側）
〔外断熱（外張り）工法〕
そとだんねつ
通気層
断熱材
ポリスチレンフォーム
ウレタンフォーム
フェノールフォーム　など
ラス下地板
又はサイディング
石膏ボード
（室内側）

あります。

充填断熱工法は、雨漏れした場合には、「雨水や湿気の滞留」という最悪な事態を覚悟しなければならないのです。そのためにも、「外側通気層」が必要とされるのですが、手間と費用を惜しんでなくしてしまい、下地の材料に直接外装材を張ったり塗ったりする提案があります。そうしても雨水の浸入はないから安心だと業者は説明するでしょうが、実際に腐った事例も公開されていますので注意が必要です。

高温多湿な気候特性の地方では、「蒸れる」ことも心配すべきです。それと、窓周りの防水処理が不完全であったり、劣化したときを考えると、断熱材を保護し、排水と遮熱に役立つ「外側通気層」は大事にすべきものです。

先に述べたように、「外断熱」は、徹底して隙間を封ずる、言い換えると「高気密」を図るのに適った工法ですから、「換気」と「冷暖房」の方法のさらなる改善を促します。つまり、住み心地の改善が合理的かつ科学的に促進されるということです。東日本大震災で建てられた仮設住宅は、「断熱・気密」をまったくと言ってよいほど無視したものでした。避難生活を強いられた方々が、寒さと暑さ、湿気と音にどれほど悩まされることになったかは、マスコミにたびたび報道されているとおりです。

しかし、仮設住宅ならずとも、いまだに断熱・気密を疎かにした住宅が大量に造られ続けています。とくに、気密施工を疎かにするために「換気」が進化しないのです。これでは住み心地が良くなるわけがありません。

造る側にとって都合が良いものは、住む側にとっては不都合であるという構図は一向に変わらず、デザインやインテリアや設備は格段に良くなっても、住み心地は仮設住宅とあまり変わらない家が、いまも街中に建てられ続けています。そのような家であっても、屋根には太陽光発電のパネルが輝いていて、リビングのソファーに幸せそうに集う家族の頭上や壁にはエアコンがあり、冷暖の風を吹き降ろしているのです。

「こんなにも少ない燃費で」

みなさんはこんな経験がありませんか？

一流とされる旅館に泊まって、温泉に心行くまで浸り、おいしい料理に満足し、さあ寝ようとするときになって布団の厚さが気になる。つまり温度・湿度が適当ではない、エアコンの風と音が気になって寝付かれない。時によっては、カビのにおいに悩まされる。

第2章でお話ししますが、住み心地は「構造」・「断熱・気密」・「換気」と「冷暖房」の方法という四つの要素によって決まります。それらは車の四輪のように、バランスが取れていることが大事です。「断熱」だけが優れているとしても、「気密」・「換気」と「冷暖房」の方法が劣ると、一流旅館と同じことになります。住宅先進国であっても換気と冷暖房の方法は、手本とするには物足りないものが多いのが現状です。

「エネルギーパス」（家の燃費を表示する制度）では手本とされるドイツであっても、「換気」が不十分なためにカビに悩まされている住宅が決して少なくはないのです。北海道では、断熱・気密性能を高める技術は先進国を追い越すレベルですが、だからといって住み心地が良いとは限りません。

そこで国は、主観的な価値である住み心地を問うたのでは業界が混乱してしまうと言うかのように、２０１６年４月から省エネ性能表示制度をスタートさせ星の数で家の燃費を競わせることにしたのです。太陽光発電を使えば、簡単に基準をクリアできるようにしたということから、別名「太陽光発電推進基準」とも言われています。

国は、これから建てる家の屋根にはできるだけ太陽光発電を載せさせて、造り手に燃費提案競争を求めるのです。造り手にとってもそれは好都合であり、営業面では魅力です。「こんなにも少ない燃費で・・・」、「うちは最高の五つ星ですよ」、「うちでは年間〇〇万円も儲かりますよ」といった具合に次の客の獲得に利用できるからですが、燃費削減に協力する側としては、寒さ暑さ、においを我慢しながら燃費を常に意識させられたのではたまりません。

主婦にとって、ＨＥＭＳのモニターに表示される数値を気にしながら一喜一憂する暮らしは楽しくないはずです。それと、考えておくべきことは補助金制度や余剰電力の買取制度は、長続きするものではないということです。自家発電した分を売って儲けることを当てにするような家づくりは考えものです。

私は、住み心地を楽しんで暮らしてみたら、意外なほど省エネで済んだと満足できる家づくりをお薦めします。

「太陽光発電所型住宅」が敬遠される日

先に述べた「住み心地」を左右する四つの要素の内、「構造」と「断熱の方法」に関心を示す人はいますが、「換気」と「冷暖房の方法」については、造り手に「おまかせ」という人がほとんどです。

だから、大手ハウスメーカーやパワービルダーたちは、それらをないがしろにして、太陽光発電にもっぱらお客様の関心を引きつけて売り上げを伸ばすことが出来るのです。５kw以上の発電をするならば、消費電力と差し引きしてゼロエネルギーにすることはさして難しいことではありません。１kwでも余分に発電パネルを載せるために、ひと時代前は安普請の典型とされた「片流れ」の屋根が増えています。鉄骨系プレハブにとっては、屋根の造りが単純なので原価が安上がりとなった上に、太陽光発電や蓄電池の販売でも儲かるという二重にありがたい時代になりました。「低炭素住宅」としては、木造に敵うべくもありませんが、「ゼロ・エネルギー・ハウス」としては燃費を競い合うことが可能です。10kw以上を載せて、20年間固定の買取制度を利用する「太陽光発電所型住宅」を勧めるメーカーもありました。街の景観を損なう異様なデザインの屋根でも、「環境調和型住宅」ともてはやされていたのですが、20年後には見飽きた光景として敬遠され、買取価格も時の政策によっては大幅に減額となり、中古住宅市場での価値が急落している可能性が心配されます。

もちろん、「涼温な家」にも太陽光発電を載せることは出来ますが、両者には家づくりの目的に大きな違いがあります。前者は、太陽光発電でいくら儲けるかが主たる目的です。後者は、質の高い住み心地の実現です。暑い、寒い、結露、湿気る、くさいといった不満や不快をなくし、四季を通じて空気に「気持ちいいなー」と感動し、住み心地を楽しめて健康維持・増進に役立つ家です。そして何よりも違うのは、エアコンの風によるストレスを感じなくて済むことです。

断熱・燃費競争がもたらすもの

スマートハウスに限らず、いま造られている家のほとんどの冷暖房は、各部屋につけられたエアコンによるものです。最新の省エネルギー基準では、冷暖房の方法は、家族が集い、必要と感じるときだけエアコンを使い、非居室部分や人のいない部屋は寒くても暑くてもかまわないとする、いわゆる「部分、間欠」利用を推奨しているのです。省エネで家中快適な「涼温な家」ではあり得ない暮らし方です。

ルームエアコンを「部分、間欠（人が居る時、居るところだけ）」利用をしたのでは、一時代前の家ほどではないにしても、一階と二階、廊下やトイレや浴室で温度差、快適差に悩まされるのは明らかです。

厚生労働省の統計によると2018年、自宅で不慮の事故で死亡した65歳以上の高齢者は1万2958人。このうちヒートショックによる浴室での溺死が5029人（約39％）だったとのことです。

それにも拘らず、国はとにかく省エネを最優先にし、学者や評論家は制度に適う家づくりが最善だと力説し、マスコミは「ウォームシェア」や「クールシェア」を賛美しています。

その一方では、やたらと断熱性能を競い、燃費（エネルギー効率）に神経質になる造り手もいます。そのような家は、ほんのわずかな熱の変動が快適さにもろに影響します。例えば、日差し、調理、浴室のドアの開閉状況、カーテンの扱い方、在宅者の人数などです。快適のふところ、幅が狭くなる、言い換えれば熱のコントロールが難しくなるのです。

北海道では、積雪を考えて軒の出を短くしている家が多いのですが、断熱性能が良ければ良いだけ、暖房費は安くなっても窓から入る朝日と夕日の熱を遮る方法に悩まされることになります。

燃費がよいということは、暖房と冷房の効果が著しくなり、コントロールが難しくなることでもあるわけで、燃費では得になっても、住み心地ではマイナスに作用しがちです。断熱理論や数値に優れることが、必ずしも住み心地を良くするとは限りません。ご主人が数値を追い求めた結果、奥さんが暮し方で悩むというケースが増えることでしょう。

家の性能は、造り手が自己顕示や自慢競争をする対象であってはならず、その土地、その家族に適した住み心地の向上に役立つものであるべきです。

「涼温な家」では、仙台市、山形市以南の温暖地であるならば、ほどほどの断熱性能（Q値で言うなら1.9＝U_A値 0.56W/m^2・Kぐらい）の方が快適さを得られやすいのです。それ以上の断熱性能の家では、冷房した時の冷えに痛みを感じるという人が多いものです。

2007年8月、私はドイツの住宅を視察した折に、こんなブログを書きました。

　ドイツでは、省エネが最大のテーマとなっていて、優れた提案がいろいろと実践されているが、いずれも暑さ対策に乏しい。夏は空気が乾燥していて、暑くても30度以下でエアコンを必要としない気候であったからなのだが、近年は様変わりしているようだ。今年は中部に位置するデュッセルドルフですら、35度を超える猛暑の日が続いたというのだから、最先端の省エネ住宅に住んでいる人たちから暑くてたまらないと不満の声が上がるのは当然である。3～4月頃ですら、暑くてかなわないという住人の声もあった。
　国の求めに従って、造る側が暖房負荷を減らすことに躍起になると、住む側は冷房負荷の増大に悩まされることになる。

　みなさんがお建てになる地方は、北海道やドイツの気候とは異なっていて、夏は高温多湿、冬は低温少湿という特性であることを常に念頭に置いておくことが大事です。

これからの住宅に求められる省エネ性能

これから建てる住宅は、2018年(平成30年)改正省エネ基準をクリアすることを絶対条件とすべきです。義務化する、しないは問題外で、良い住み心地を得るための最低限必要な基準だからです。

この基準は、これまでのように断熱性能を、床面積当たりの熱損失係数(Q値)ではなく、外皮(基礎、壁、窓、屋根)面積当たりの熱損失＝外皮平均熱貫流率(U_A値)で評価し、それだけでなく、暖冷房・給湯・換気・照明など設備の省エネルギー性能を合わせて総合的に評価します。建て替えるときに、前の家で使っていたエアコンや給湯器などを再使用するのは考えものです。最新の、出来るだけ効率の良い機種を選択しないと評価が下がります。

1999年の基準と比べ、性能評価の基準は変わりましたが、実質的に求められる断熱性能はほとんど変わっていません。そのため、この基準は住宅先進国と比べてレベルが低すぎるから過去の遺物だと酷評する人もいます。

着目すべきは、ＬＣＣＭ（ライフサイクル・カーボン・マイナス）、といって、建物をつくるときから廃棄処分するまでに発生する二酸化炭素（ＣＯ２）の量を低減する「低炭素住宅」認定制度がベースになるところです。

最近、異常気象が多発しています。気候変動が起こっているという説もあります。それらの要因がＣＯ２の排出にあるとすれば、家づくりはその削減に寄与するものでなければなりません。そこで、２０１２年12月に「都市の低炭素化の促進に関する法律」、通称「エコまち法」がスタートしました。

残念なことは、太陽光発電を載せ、最新の設備を備えれば簡単に基準をクリアできるとした点と、隙間による熱損失を無視した点です。つまり、住み心地の向上は二の次にしたということです。これからの家づくりは、「認定低炭素住宅」が基本となるので、一応どんなものなのかを知っておいて損はないと思います。

認定「低炭素住宅」とは？

「低炭素住宅」の認定基準は、

1．外皮の断熱性能が一定の基準を満たしていること

2．一次エネルギー消費量（省エネ法で定める省エネルギー基準の一次エネルギー消費量マイナス10％を超える省エネ性能）という必須項目と、低炭素化に資する処置を2項目以上満たす必要があります。

選択的項目は次の6項目になります。

①　節水機器の設置

②　雨水等利用の設備の設置

③　ＨＥＭＳの設置

④　太陽光発電の設置

⑤　劣化の軽減措置

⑥　木造住宅

低炭素住宅に認定されると、長期優良住宅と同じように住宅ローンや税制優遇を受けることが出来ます。家づくりの進化はここまできていると読者のみなさんに感嘆していただきたいところなのですが、お読みになられてがっかりなさった方も多いのではないでしょうか。

裏読みすると、わが国の家づくりのレベルがこの程度に過ぎないということでもあるのです。税制で優遇し、補助金を付けるにしては内容が乏しいと思います。「涼温な家」では、①⑤⑥は当たり前です。

となると、NHKテレビの人気番組「ダーウィンが来た!」の「ヒゲじい」でなくても「ちょっと待った」をかけたくなりませんか?

木造であることが認定条件の一つであるということは、鉄骨やコンクリート造ではダメなのかと問いたくなるはずです。

木造を得意とする工務店業界にとっては大変な神風です。しかも、中小工務店には「ゼロ・エネルギー化推進事業」として補助金が用意されたのです。国は、これまでは「スマートハウス」で鉄骨系プレハブにさんざん儲けさせたので、今度は工務店に出番を与えてくれたと喜ぶ声が聞こえてきます。しかしそれは皮相な見方だと思います。太陽光発電でゼロ・エネを図るには、屋根面積の広さが勝負となります。それには、鉄骨系プレハブの方が有利です。それと、「低炭素」とか「ライフサイクル・カーボン・マイナス」をアピールしたところで、「それでいったい年間いくら得するのか」とお客様から尋ねられると答えに窮するはずです。ところが、「ゼロ・エネ」は金額を明示できます。地球温暖化に配慮するのと、年間でいくら儲かるのかを「見える化」する営業とでは、勝負は明らかではないでしょうか。

ですから、これからの家づくりは、太陽光パネルの面積拡大競争の時代になるはずです。これが、国の住宅政策の基本戦略なのだと思います。いずれにしろ、どっちが勝つにしても、「住み心地」とは関係ないということです。「家に何を求めるのか?」を考えることがますます重要になります。

電力危機が求めるもの

国としては、エネルギーの自給自足が出来ず、原子力発電が予定どおりに稼働できない電力危機の状況下では、冷暖房と給湯など設備機器の省エネルギー化を推進し、太陽光をはじめ自然エネルギーの活用を求めるのは当然の成り行きです。

だからといって、「ウォームシェア」・「クールシェア」という提案は、はなはだ疑問に思います。

これだけ文明が高度化し、価値観が多様化し、物質的に個人の欲求が満たされている時代に、家族が一室に集まって冷暖房を分け合うような暮らしは長続きするわけがありません。家族は、それぞれの部屋に戻るや否やエアコンのスイッチを入れるはずです。

「ウォームシェア」や「クールシェア」をする、つまり「なるべくなら１台のエアコンで暮らしましょう」と言うのであれば、家中を涼温房にする方がはるかに快適で省エネになります。そうならないとしたら、家づくりが間違っていることに気付くべきです。断熱・気密・換気を見直す必要があります。それらをおざなりにして、暮らし方で省エネを求めても、よい結果は得られないでしょう。局所・間欠冷暖房は、1台のエアコンを連続運転するのと比べて電気代が余分にかかる場合もあることを知るべきです。

家の性能の悪さを承知しているエアコンメーカーは、「速暖」、「速冷」だけに止まらず、人を追いかけて風を当てる機能を競い合っています。いかに早く暖め、冷やすか。そのためには強風が必要です。その風は、ストレスとなるだけでなく、美容と健康の敵でもあります。10分間も強風にさらされたら、たいがいの人は弱運転に切り替えるでしょう。そうすると、モワーッとした不快な暖かさに包まれ、顔ばかりが暖められ、冷房の場合には床によどんだ冷気で膝から下が痛くさえ感じるようになります。換気が不十分な状態で、舞い上がるホコリとともに冷暖された空気ほど不快で不健康なものはありません。

では床暖房にすればとお考えになる人もいるでしょう。

私は賛成しません。なぜかと言いますと、高断熱・高気密に造り、窓の性能をよくし、換気の方法を工夫すると、床・壁・天井の温度差がほとんど生じない家になります。

そのような家では床だけを暖め、そこに接する足裏ばかりが暖かさを意識させられ続けるとかえって不快に感じ、住み心地の質そのものが低下するからです。床だけでなく、壁や天井を暖めたり冷やしたりする提案もありますが同じことです。私は、それらの方法を実際に試してみて、床にしろ、壁・天井のどこか一面だけの温度を変えると不快に感じることを知りました。

そこへゆくと「涼温換気」は申し分のない冷暖房方法ですが、効果を発揮するためには、高気密に造ることが大事です。隙間があったのでは、外部の湿度の影響をもろに受けてしまい、除湿と加湿のために多大なエネルギーを浪費せざるを得なくなります。それだけでなく、空気の入り口と出口が不明確となり、機械換気が計画的に有効に作動しないので、快適さも、健康維持・増進に役立つ空気も得られません。
電力危機は、家づくりの見直しを根本から求めているのです。

「気密測定」は、必ず行う!

1台のエアコンで家中を快適な住み心地にするには、木造軸組を外断熱(外張り)し、住宅性能表示制度の省エネルギー等級を最高の4以上になるように断熱性能を高め、相当隙間面積を0.5㎠以下の高気密を確保し、第一種全熱交換型換気を後に述べる「センターダクト方式(特許)」で用いるのが一番です。

この方法は、これまでの「全館空調」とはダクトの用い方、換気経路がまるで違います。「全館空調の革命」と言っても過言ではないでしょう。

「冷暖」ではなく「涼温」という快適さを得るためには「高気密」に造る、つまり隙間を出来るだけ少なくすることが絶対条件です。したがって「気密測定」が必須となります。断熱性能は計算で確認できますが、気密の程度は測定しないことには分からないからです。しかしながら、法律では義務化されていませんでした。かつては、目標とすべき気密基準が定められていたのですが、２００９年の「改正省エネ法」で削除されてしまったのです。こうなった理由として、国が鉄骨系プレハブメーカーや量産住宅メーカーや工務店に、気密測定を義務付けたところで、実行は不可能と判断したからであると言われています。

気密を疎かにして造られた家では、冬の暖房時には、暖まった空気は膨張し圧力が高まるので、上部の隙間からどんどん出ていき、その分、下部にある隙間から冷たい空気が吸いこまれ、自然換気の量（回数）が増え過ぎて熱損失が大きくなります。したがって風を伴った強力な暖房が必要となり、「温房」の実現はとても不可能です。

夏には、隙間からの止めどもない高温多湿な外気の侵入に対して冷房力を強めることになりますから、「涼房」は得られません。また、機械換気は高気密でないと、計画的・計量的に働かせることがこれまた不可能なので、気持ちの良い空気が得られないのです。

（気密測定）

断熱性能には基準を設けるが、気密性能は造り手に任せるという極めて不合理な国の方針のために、機械換気と本格的に取り組む造り手は減る一方です。「自然素材を用いれば、機械換気は不要で自然換気でいい」というような非科学的主張ですらまかりとおってしまうのは仕方がないとしても、住み心地が良くならないことは大いに問題にすべきです。

断熱と気密とは一対の関係であり、気密と機械換気も一対に考えるべきものです。この三者の関係を理解できると、「涼温な家」の住み心地の基本が見えてくるはずです。

住み心地のレベルは、数値やグラフでは表現できないとしても、気密測定の数値で推察することはできます。数値が良いということは、住み心地を良くするための絶対条件であるとともに、大工・職人の腕と心意気が立派だということでもありますから、測定に際しては積極的に立ち会うことをお勧めします。

気密測定は、住み心地を大切にしようという造る側と住む側との合意の「現場検証」でもあるのです。

わが国の家づくりは、耐震・断熱性能、省・創・畜エネルギーにおいては著しく進化していますが、換気と冷暖房の方法が一向に進化しないどころか、むしろ退化しているのは、国が高気密に造る施工技術を評価しようとしないからだとも言えます。

「換気の方法」の進化とその必然性

私は、２００８年に、マツミハウジング社長の松井祐三（著書に「だから『いい家』を建てる。」／大和書房がある）と共に、センターダクト方式の画期的な換気システムを開発し、それを装備した家を「新換気ＳＡ－ＳＨＥ（Surpassing Amenity Sotodannetsu Healthy Eco House）」と名付けました。

４年後の２０１２年にそれは、ダクト用エアコンを組み合わせた「涼温換気」へと進化しました。

ここからは、実体験をもとに学んだ「換気の方法」の選択とその進化の必然性についてお話しします。１９９１年から取り組んでいた「外断熱・二重通気工法（ソーラーサーキット）」を、なぜ「新換気ＳＡ－ＳＨＥ」に進化させたのか、その理由と成果を知ることは、家づくりに占める換気の役割の重要さを理解する近道だからです。

その後に、前述の「新換気」と「涼温換気」の説明をします。

私が自宅を建てたのは「『いい家』が欲しい。」を発売するちょうど10年前の平成元年（１９８９年）です。その年は、竹下内閣によって３％の消費税が実施され、地価と株価が急落し、以後、日本経済は「失われた10年間」となりました。

受注件数が減ってしまい、大工さんの仕事を捻出するために急遽建てることにしたのです。育ち盛りの男の子４人（社長の祐三は三男）のために、部屋数の確保を最優先にして建てました。当時は、断熱・気密の大切さを学んでいなかったので、性能的には第二次オイルショックが起こった１９７９年につくられた省エネ基準に基づいて、50ミリ厚のグラスウール断熱材を柱と柱の間に詰め込み、二階の天井の上に敷き並べるだけのごく一般的なやり方でした。換気は、窓開けするか、台所・トイレ・浴室の換気扇を適宜回すかです。

冬は寒くて、石油ストーブを玄関ホールに、ガスストーブを食堂に、書斎には電気ストーブを２台、寝室にも電気ストーブ、子供たちの部屋はエアコンで暖房していました。暖房費は1ヶ月で6万円から7万円したと思います。それでも寒く感じ、夏は暑くてたまらない日が続きました。

最初の体感ハウス

1993年、自宅のすぐ近くに30坪のソーラーサーキットの体感ハウスを建て、私は毎日寝泊まりをして住み心地の検証を始めました。「ソーラーサーキットの家」は「外断熱・二重通気工法」ともいわれ、自宅と比べると断熱・気密性能が格段に優れており、第三種換気で室内の換気を行い、夏の暑いときに小屋裏に設置してあるファンで床下の換気孔（ダンパーと称しています）から外気を導入して、構造体の内部にこもる熱を排除します。

高断熱・高気密の家造りにとって、一番の問題は夏の暑さ対策です。人が衣替えをするように、夏だけ構造体の内部に風を抜かせることが出来れば涼しさが得られるという提案はすごく魅力的でした。高断熱・高気密の家の弱点である「熱籠り」が解決できるというのですから。

「第三種セントラル換気」というのは、小屋裏に設けた換気装置がトイレや脱衣所の天井の排気口から余分な湿気やにおいを吸い出すと、それに見合った空気が各部屋の外周の壁に開けられた直径10㎝ほどの給気口から吸い込まれるという方式です。

このようなセントラル方式の本格的な換気のやり方は、当時としては画期的でした。自宅と比べて、空気を気持ちよく感じたので、女房にたまには泊まりに来るようにと勧めたのですが、そんなにも住み心地の良いところに泊まったら、二度と自宅に戻れなくなりそうだと言って一泊もしようとしません。

そこで、思い切って自宅を外断熱リフォームすることにしたのです。屋根と壁をはがし構造体の外側から板状の断熱材を張り巡らし、窓をペアガラスのプラスチックサッシに入れ替えました。

小屋裏にアルデという第三種換気装置をセットし、排気用のダクト工事もしたので、かなりの大工事になったのですが、Q値（熱損失係数）でいうと2.7程度、Ｃ値（相当隙間面積）３㎠／㎡ぐらいという当時としても「紺屋の白袴」的なリフォームでした。

梅雨時の室内干し（換気経路の役割）

梅雨の真っ最中、体感ハウスから戻って食事をしていると女房が目を輝かせて言うのです。

「洗濯物がストーブをつけなくても乾くようになった」と。

なにせ思春期の男の子４人分の洗濯物ですから、半端な量ではありません。以前は、乾きを早くするために危険を心配しながら石油ストーブを焚いて室内干しをしていました。

ところが、換気を運転して数日が過ぎた頃、前日はストーブを焚かなかったにも拘らず、朝、洗濯物に触れて彼女は驚いたのです。「第三種セントラル換気」は、さきほど述べたように24時間、余分な湿気やにおいを排出します。

考えてみれば、梅雨時の湿気の多い外の空気を吸い込んでいるのですから、湿気の点では洗濯物の乾き具合が速まらないはずですが、機械換気をすることによって「換気経路」ができ、湿気のたまりが断然少なくなって乾きが速くなったのです。

「自然換気」を推奨する建築家がいますが、それは隙間を容認するものなので「換気経路」ができず、どうしても湿気やにおいが室内に滞留してしまいます。

この「換気経路」は、衛生上も健康上も快適さの点からもたいへん重要な意味を持っています。しかし、住宅展示場でこの言葉を営業マンとやり取りする人はいないでしょうし、数ある住宅本でもほとんど触れられていません。

住みながら断熱改修工事を体験して何よりも驚いたことは、外張り断熱が終わって窓がペアガラスのプラスチックサッシに入れ替わると、温熱感が激変したことです。そして換気装置が働き出すと、空気感が一変し、感動すら覚えました。

このとき私は、セントラル機械方式の換気がいかに住み心地に影響するかを学び、もっと実証を重ねて科学的合理性に基づいた家づくりを追求すべきだと思い知らされたのでした。以前の家では、書斎だけ天井埋め込みの第一種換気装置（通称「ロスナイ」）を用いていましたが、セントラル換気と比べると効果が局所的で、部屋全体の空気がよどむことに不満を感じていたのです。

第三種セントラル換気の問題点

人間はおもしろいもので、調理師を目指す人の味覚や嗅覚が経験を重ねるごとにしだいに研ぎ澄まされていくように、住み心地に対する感受性も磨かれていくのは確かです。さらにいい家を造るにはどうしたらよいかと体感し続けて10年ほど過ぎた頃から、夏をあまり快適に感じなくなってきたのが気になるようになりました。その主な原因は、換気の方法と気候の変化にあったのです。

ストローの途中に穴が開いていたのでは吸えなくなるのと同じで、構造体内部の熱籠りを排除するため床下ダンパーを開けると、換気装置は働いていても空気が壁の給気口から入ってこなくなります。実は第三種セントラル換気の家では、どこかの窓を少しでも開くと同じ現象が起こります。計画的に計量的に機械換気を有効に機能させるには、高気密状態であることが必要です。夏の一時期の不都合なので、さして問題にはならないと思っていたのですが、蒸し暑い日が連続すると、不快さに我慢できずいろいろと試すようになりました。

まず、床下ダンパーを閉めてみたのです。するとエアコンの除湿効果ができめんに向上するのが分かりました。となると、換気の吸入口を閉じたらどうかと思い、1か所づつ塞いで観察してみると、エアコンの効きは良くなるのですが、そのままでは室内の空気がよどんでしまい不快に感じます。エアコンの効きが多少悪くなっても空気を気持ち良く保つ方がいいことを学びました。

しかし、冬になると給気口からの冷気の侵入が気になり、また塞いでみたのです。朝になってカーテンを開けてびっくりしました。結露で窓ガラスがびしょ濡れになっていたのです。換気の大切さを再び思い知らされました。人が出す二酸化炭素だけでなく、余分な水蒸気の排出ということも換気の重要な働きであることを思い知らされたのです。これはうっかりすると、冷えた部屋のタンスの裏や押入れの壁面でも結露が発生しているかもしれないと心配になりました。

一方、2年ほどかけて壁材もいろいろ寝室で試しました。湿気を吸放出し、においを吸着するという珪藻土をはじめ、さらに化学物質も吸着するという火山灰を活用した塗り壁や、通気性・抗菌性に優れたと称するクロス類、マイナスイオンを放出するというものなど多岐にわたりました。そして分かったことは、実験室では効果を確認できたというものであっても、実際の生活の場では空気を気持ち良くするものではないということです。

このことは、夜寝る前に機械換気を止めて、朝トイレから戻るとすぐに分かります。カタログでは優れたデータを誇示していたのですが、どれも空気の感じが悪化するのです。やはり、機械換気に優るものはありません。そう言えば、それら「健康」を売りにする壁材を販売する業者は、口を揃えて「機械換気は不要になります」と営業をしかけてきていました。最近でも、住宅本の中には、漆喰の長所を神頼みするかのように誇張して換気不要を主張する人もいますが、高温多湿・低温少湿という気候特性の下で、快適に衛生的に、しかも省エネルギーで生活するには「第一種全熱交換型換気」は必須です。

自然素材や通気を売りにする造り手は、機械換気を否定します。しかし、人の生活には道具が必要不可欠なものであるのと同様に、住宅にも絶対必要な機械があります。住む人の健康と住み心地にもろに影響する換気と冷暖房のための機械です。

それを否定すると、隙間風にたよる「自然換気」や「呼吸する壁」などという摩訶不思議な営業トークを用いざるを得なくなるのです。

「健康住宅」の要件

第一種全熱交換型換気は当時からも使えたのですが、住宅業界では次のようなことを問題点として過大視していたのです。ダクト施工が面倒で内部汚染に対処できない、熱交換装置はホルムアルデヒドのような有害ガスとにおいも交換して室内に戻してしまう、アフターメンテナンスが厄介だ、電気代が高くつくなどで、それらを声高に指摘する専門家が多かったのです。

今でもインターネットで検索すると、欠点や問題点を指摘する意見はたくさんあります。例えば、「ダクトの径が50φ（パイ）と１００φで同じ空気量を通すには、50φは１００φの４倍の風速が必要となり、送風音が発生する可能性がある。もし、送風音が発生しないのであれば、ダクトの抵抗により換気装置が性能を発揮していないとも考えるべきだ。だから、施工の都合を優先してダクト径を小さくすると、空気抵抗が大きくなり、ダクト末端部での換気量は激減してしまうだけでなく、粉塵が付着しやすくなってダクト径がどんどん狭まってしまう恐れがある」などと専門的、経験的に説明されると、大概の造り手は尻込みしてしまいます。

それでも私は、住み心地のさらなる向上を望み、住む人の健康を考えるならば、「第一種全熱交換型換気」と取り組まざるを得ないと考えるようになりました。それには、天井裏にところ狭しと配管する給気ダクトをどうにかしなければなりません。それとともに解決すべきはダクトの空気抵抗です。そこで第３章で詳しく述べますが、２５０φの太さの垂直ダクトで給気して、排気口への空気の流れを逆転させる「センターダクト換気」の構想が具体化したのです。構想そのものは、最初に建てた「住み心地体感ハウス」を２００１年に建て替えたとき、おぼろげながらありました。ですから、センターダクトを収納するシャフトスペースが設けてあったのです。

この話を読まれて、なんと初歩的なのだろうと思われる方もいらっしゃるでしょうが、大手ハウスメーカー及びパワービルダー、工務店、そして住宅本の著者の多くが、今でも、「機械換気」の説明はしてくれますが、それが住み心地に与える影響に無頓着なまま家づくりを続けています。住宅業界の本音としては、断熱の方法と同様に、それは真正面から取り組みたくないテーマであることは確かなようです。

「風通し」は暮らし方の一つの有り様であり、「呼吸する壁」は材料の問題でしかないのに、機械換気不要論の根拠としたのでは科学の否定です。

最近、20年ほど前にブームとなった「健康住宅」という提案が再び盛り返してきています。

住環境が健康に及ぼす影響を調査・研究し、健康住宅のあるべき姿を科学的・医学的に提示しようとする「スマートウェルネス住宅研究委員会」の活動が目立ちます。著名な学者さんたちが名を連ねていますが、住み心地を左右する四つの要素、すなわち「構造」「断熱」「換気」「冷暖房」に関しては、ほとんど関心が払われていません。

鉄骨系プレハブの両横綱である積水ハウスとダイワハウスがメンバーに加わっているからなのかもしれませんが、それらが住む人の健康に与える影響こそ調査研究の対象とすべきではないでしょうか。

四つの要素の内、「健康住宅」の要件として何を真っ先に挙げますかと問われたら、私は迷わず「換気」と答えます。

２０２０年1月14日の日本経済新聞は、高齢化や人生１００年時代への対応について住宅はどうあるべきかを特集し、住宅業界のオピニオンリーダーである積水ハウスの考えを紹介しています。「同社は、人生１００年時代の役割を果たす住宅として健康、つながり、学びといったサービスを提供する『プラットフォーム構想』を提唱している。健康が維持できたうえで家族や友人たちとつながり、学ぶことによって生きがいを確保できれば、自宅は『世界で最も幸せな場所』になるというわけだ」と。

一方、大和ハウスは、１月６日に日本経済新聞に一面広告を打ちました。「新しい家のカタチを教えてください！　高齢化社会を迎え、家を長く大切にしていきたいという需要は、これからもっと高まっていくことでしょう。そうした『ずっと住みたくなる家』にしていくためには、様々な工夫やメンテナンスも必要です。どうしたら自分の家を育んでいくことができるのか。どんな家なら住み続けたいと思うのか。ぜひとも皆さんのアイデアやお考えをお寄せください」。

両社ともに、住み心地という住宅のいちばん大切な価値が分からないようです。

第2章　住み心地を保証できるのか？

住み心地は、「構造」・「断熱と気密」・「換気」と「冷暖房」の四つの要素をどのように扱うか、またその組み合わせ方によって大きく変わります。構造が、木造か、コンクリート造か、鉄骨造であるかで違うのは当然です。木を1とした場合、コンクリートは約13倍、鉄は約440倍も熱を伝えやすい、言い換えれば熱の出入りが激しいのです。ということは、後者になるほど住み心地が悪くなるということです。それを防ぐための断熱の方法と気密のレベルに関して、住宅展示場を訪れる人のほとんどは、建てる前にも、建ててしまってからも関心を持ちません。「換気」についても同様です。

それを幸いとして、住宅メーカーはCG（コンピューター・グラフィック）で描いた家に「試住」させたり、3Dプリンターで作った模型をプレゼントしたりして客の関心を引きよせようと競い合っています。

みなさんは、なぜ住み心地に関心を持たないのでしょうか？

理由は、住み心地は実際に住んでみないことには分からないものだという先入観がある上に、造る側にも住む側にも、住み心地は保証の対象にはならないという暗黙の了解があるからではないでしょうか。

だから大手ハウスメーカーをはじめ造り手のほとんどが、その時々の国の政策を追い風として、住み心地を二の次にした家づくりを続けていられるのです。

もし、国が造る側に住み心地を保証する義務を課したとしたら、わが国の家づくりは様変わりするでしょう。

法律上では、構造と雨漏れに関しては10年間の瑕疵保証が義務付けられています。２００３年に機械換気が義務付けられました。住宅性能表示制度では、耐震・省エネ等級が定められています。ですから、それらについては「法律に適っています」という答えを免罪符にすることができます。住宅展示場に行って「換気」について説明を求めると、「法律どおりにやっていますからご安心ください」という答えが返ってくるでしょう。法律や制度や基準というものは、多くの場合、低いレベルを正当化せざるを得ません。

しかし住み心地は、それらが適法であるから、制度や基準に適っているから、住宅性能表示が最高レベルだから快適になるとは限らないのです。前章で指摘したように気密のレベル、換気・冷暖房の方法とそれらのメンテナンスの仕方によっては、不快であるだけでなく不衛生・不健康という最悪なものとなりかねません。

ですから、造り手はこれらの事実について、契約する前に正直に説明する義務があります。住む側には、説明を求める権利があるということです。説明を求めないで契約するということは、「住み心地や健康はどうでもいいので、都合が良いように造ってください」と言うに等しいことです。

アフターメンテナンスされない換気装置

国は、換気装置の設置を義務付けたにも関わらず、アフターメンテナンスの責任は問うていません。これはたいへんな片手落ちです。２００３年以後に家を建てられた方で、その後一度もメンテナンスを受けていないとしたら、換気装置の内部の汚れ具合は、ぞっとするような光景になっているはずです。

マスコミは、ＰＭ2.5の健康被害を取り上げるのであれば、同じように「アフターメンテナンスがされない機械換気の問題」も取り上げるべきです。天井付の換気装置である場合、高齢者にとってフィルターの掃除や交換はほぼ不可能です。在宅医療・介護を目指すならば、省エネの前にまず「空気」を問題にすべきです。機械換気の取り付けを義務付けたのは国なのですから、そのアフターメンテナンスに対しても国が監督・指導の責任を負うのは当然です。

ところで、近ごろの大気汚染問題を受けて、専門家や学者が、ＰＭ2.5が安全基準を越えたら家の中に取り込まないように機械換気を止めるのがいいとアドバイスしていますが、それは外気の取り入れに無防備な場合であって、「涼温換気」ではフィルターが用意されています。

シックハウス対策

2003年7月1日に施工された改正建築基準法は、シックハウス対策として機械換気を用いて室内空気を、2時間に1回は外気と入れ替えることを義務化しました。

無垢の木と漆喰で建てればいいとか、通気性のある壁がホルムアルデヒドを吸着するから機械換気は不要だ、したがって自然換気でいいというような主張は法律違反となります。これは当然の成り行きです。実験箱の内部に無垢の木を置き、壁に漆喰を塗ってホルムアルデヒドが減衰したとしても、実際に人間やペットが暮らす家の中では、空気中に大量の水蒸気やカビの胞子などのハウスダストやにおいもあります。それらは、機械換気で排出しない限り生活の快適さの質が損なわれるだけでなく、健康被害の恐れもあるのは明らかです。

そもそも、２００３年以後に建てられた住宅では、ホルムアルデヒドをはじめ、有害な化学物質を安全基準以上に揮発する建材は使われていません。

しかし、一部の工務店や大量生産販売の造り手たちは、換気の目的を化学物質の排除に限定して、できるだけ簡易な装置で済まそうと考えています。そのようなものでは局所的にしか効果を発揮しないし、ものによってはモーター音が気になったり、外から侵入する冷気・熱気・湿気、ほこり、騒音などに悩まされたりします。これらの住み心地にとってマイナスな要因に、住んでから気付いても換気の方法を変えることは簡単にはできません。小奇麗に造られた分譲住宅に多いのですが、トイレやキッチンの換気扇を24時間回し続け、壁に設けた給気口から外気を吸い込む方式は最悪です。

冬には、吸い込まれる冷気を嫌って、穴をふさいでしまう人もいるようですが、そうすると前にも述べたように水蒸気が過剰になり結露を引き起こし、カビに悩まされることになります。かといって、フィルターを設けると、すぐに目詰まりして換気が有効に働かなくなってしまいます。造り手の多くは、それを承知の上でアフターメンテナンスをしないのがほとんどです。住む側も、フィルターの掃除が面倒という理由で換気装置を止めてしまっている家も多くあります。そのために、喘息が悪化したり、カビ・ダニの発生が増え、アレルギーで苦しむ人が増え続けています。

予防医療の権威である新潟大学の岡田正彦教授は、がんの原因はほとんどが生活空間にあるのだから、せめて家の中の空気をできる限りクリーンにすべきだと主張されています。

しかし、本格的な換気は、「新三種の神器」を取り付けるように簡単にはできません。セントラル方式のもの、とくに第一種全熱交換型換気がそうで、私がお勧めする「センターダクト換気」のようにシンプルにはいかず、天井のふところはダクトがはい回ることになり、ダクティングに高度な工夫と熟練を必要とします。

電力危機は神風

大量生産販売の造り手のほとんどは、ダクトを必要としない壁付式か天井埋め込み型の簡易な装置を選び、本格的な換気システムを敬遠しがちです。換気を住む人の健康維持・増進のために役立てて、住み心地の向上を図ろうとするならば、機械換気を用いてダクティングを必要とする本格的なものと取り組まざるを得ないのですが、ダクトを必要としない簡易型であっても法的には問題がありません。これを「ダクトレス換気」などと称して自慢する造り手すらいるのです。

大量生産販売の造り手は、出来るだけ手間を省き、組み立て、据え置き、張り付けて一日も早く完成することを最善としていますから、外断熱（外張り）と同様に手間のかかるダクティングをしたくないというのが本音です。

「法律にさえ適っていればそれでいい」という考えが主流になるのはやむを得ないことでしょう。

〔換気の方法による「住み心地」の違い〕

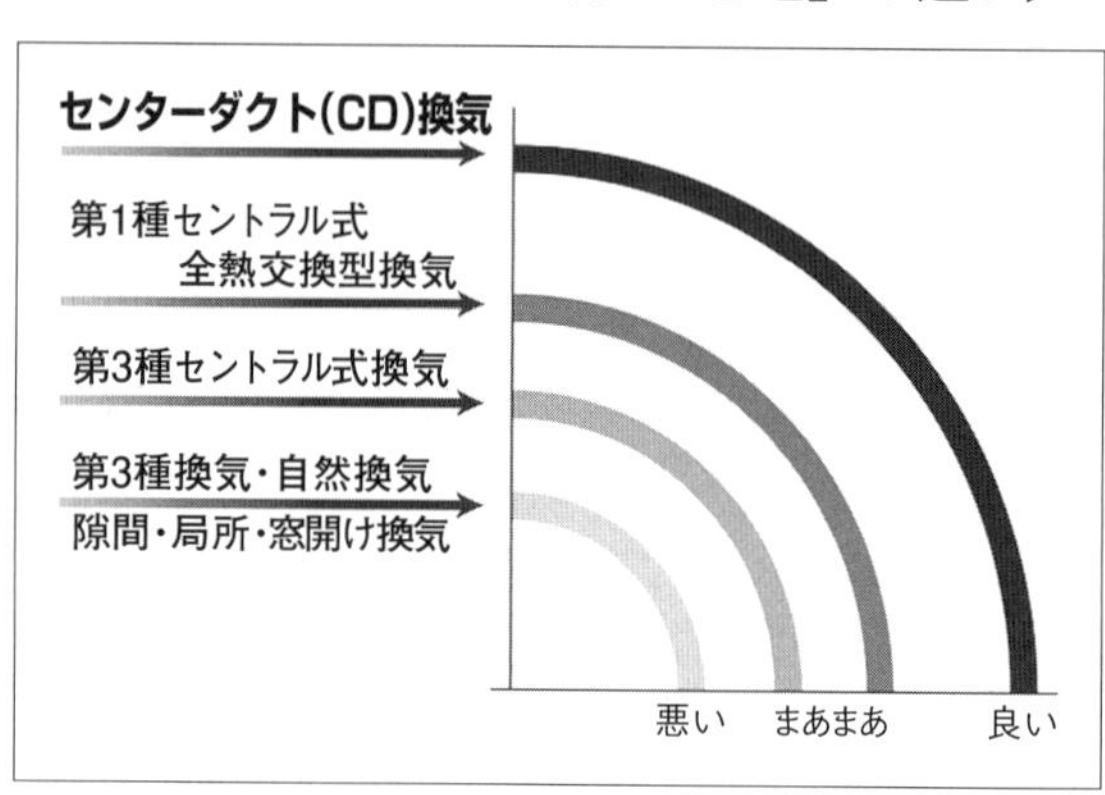

となると、いまさらお客様の関心が換気に向かい、国の方針も換気重視に向かったのでは困るはずです。都合が良いことに、東日本大震災によって生じた電力危機は「神風」となりました。国の方針と、お客様の関心が省エネルギーに向かったことで、太陽光発電・蓄電池・HEMSという「新三種の神器」を装備した「スマートハウス」が大ヒットしたのですから。

機械換気の大切さ

換気の目的は、化学物質の希釈（薄め

ること）の他に、住む人の空気環境を衛生的に守り、健康増進に役立つようにすることにあります。ホルムアルデヒドやトルエンなどの化学物質を少なくするるだけが目的であれば、それらが壁の中に透過して外部に排除されると、摩訶不思議な効果を訴えている「ＷＢ工法（基礎の換気口から入る空気が小屋裏に設けられた排気口へと流れ、ホルムアルデヒドを排除するという）」でいいのです。かれらは、「機械換気」を不必要なものとして国土交通省に義務化を廃止するよう懸命に働きかけたことがあります。

もし、国がその要望を受け入れたとしたら、国民は住み心地で多大なストレスを受けるだけでなく、健康被害も受けるようになり、高いつけを払わされるようになったのは間違いありません。

それはさておくとして、機械換気装置で一番大切なフィルターが、適切な維持管理がされない場合にどのような結果となるものか、ほとんどの人は知らないし、知らされないでいます。長期優良住宅と認定され、スマートハウスと称し、あるいは「ゼロ・エネルギー・ハウス」とされるものであっても、一年もしないうちに空気環境が不良化し、住む人の健康を脅かすようになるであろうことを忘れてはなりません。

私は、「住み心地を問わない建物は、事務所か倉庫と同じである」と、言い続けてきていますが、事務所にも、ちょっとした倉庫にも換気装置がつけられています。となると、換気を疎かにする建物は、事務所や倉庫よりも劣る建物だということになります。そこに、「新三種の神器」を取り付け、省エネや燃費を自慢し「環境調和」を唱えるのは欺瞞(ぎまん)に過ぎません。

くり返しますが、住宅は健康維持・増進に役立つものであるべきです。であるならば、造り手の選択に際しては、どれだけ「機械換気」と真剣に取り組んでいるかを基準にすべきです。換気との取り組み方で、その造り手の知識、設計力、技術力、経験力、正直さをも判断できます。

住まいに健康維持・増進に役立つ快適な住み心地を求めるのであれば、「機械換気」を最重要なものと考えるべきです。

卓越風はありがたい？

「卓越風」（その地域によく吹く風）をいかに上手に取り込むかが「省エネ・エコ住宅」にとって大事だと書いてある本がありますが、こと都市部の住宅街では百害あって一利なしです。また、これに関して「風の抜ける家」という提案を、大手ハウスメーカーや自然志向の建築家が行っていますが、近年の大気汚染や犯罪状況を考えるとあまりにも生活意識が乏しく無責任なことです。

住宅は、徹底して隙間をなくし、「高気密」に造ることが大原則です。「高気密」は、施工の精度なくしては得られないもので、高度な技術を要し、機械換気を必須とします。「風の抜ける家」というのは、最初からこの条件を放棄したのと同じです。

平成25年省エネ基準は、外皮の断熱性能と一次エネルギー消費量で家の省エネ性能を評価し、２０２０年には標準化することを目指しました。

この基準の中で、エネルギーの節約になる例として「通風」が推奨されているのです。しかし、「通風」がエアコン以上に確実に快適さをもたらしてくれるのは、夏の間では1日あるかないかというのが近年の現実ではないでしょうか。土埃に含まれるカビ、肺がん要因のひとつとされるPM2.5や通年性花粉症のことも考えず、省エネに役立つとして卓越風を活用すべきだとする意見は考えものです。防犯はさておくとしても、高性能な窓のガラスは重量がありますから、開け閉めは決して楽なものではありません。多忙な主婦や高齢者に向かって、エアコンを使わず「卓越風」の取り込みを工夫して暮らすことを求めるのは酷です。

1階の南側壁面にある直径10㎝程度の給気口から、2階北側に設けた窓を少し開くとそこを目指して空気が流れ、室内の熱や湿気を排除できて快適に過ごせるからエアコンは不要になると、まことしやかに「自然の力」を説く設備計画の専門家と称する人の意見があります。給気口から、常に理想的な温度・湿度の空気が入るとしたらという前提条件が伏せられています。

省エネという大義があるにしろ、窓を開けることを前提にしたのでは、昔の家とさして変わらない住み心地となるのは明らかです。結露やにおいや熱ごもり対策のためにいちいち窓を開け閉めしなければならないような家を建てるべきではありません。

「涼温な家」では、一年をとおして、家の外よりも内部の方が省エネで、安全な空気を安心して吸うことが出来ます。それは、「換気」と「冷暖房」の組み合わせ方が極めて合理的だからです。

窓を開けたいときは、いつでも開けることです。開けたからといって、システムに支障を来すようなことは何もありません。

エアコン１台で全館空調

２０１３年３月に出版された「エアコン１台で心地よい家をつくる方法」（西郷徹也監修・エクスナレッジ）の中で、私は二つの意見に注目しました。

一つ目は、西郷さんのものです。

それぞれ一部を引用します。

「ゼロエネルギー住宅のような断熱性能の高い住宅が普及し、支払い可能なランニングコストで24時間全室冷房が出来るようになれば、冷房して暮らすことが当り前と考える人が増える可能性があります。（中略）。断熱性能が向上することで暖房負荷は激減するため、将来には国の省エネルギーの主要な課題が暖房から冷房に移行することになるかもしれません。そうなると、日射遮蔽や通風などによって冷房の期間を短くしたり、冷暖房負荷を少なくする工夫が極めて重要になってきます」。

そのとおりだと思いますが、「通風」に関する一節には前項で述べたように賛成できません。これからは、気候変動の推移から察すると、都市部では「通風」がエアコンの稼働時間を減らすのに役立つとはとても思えないからです。むしろ「通風」に頼らない方が省エネルギーとなり、快適で健康的、衛生的に暮らせるようにエアコン利用を図るべきです。

二つ目は、エコ住宅の専門家である東大准教授の前　真之先生の意見です。

「エアコンは本来、高効率で設置費用が安く、コストパフォーマンスに優れた冷暖房設備です。実際、高断熱高気密の家（Q値1.9程度）であれば、２～４kwのエアコンで全館空調ができます。ただし、普通のエアコンは吹き出した空気を遠くまで届ける能力がありません。ダクト付のセントラル空調に対応したコンパクトな容量のエアコンが出てくれれば、家全体を少ない電力で空調できます。現状では小さな熱量を効率よく各部屋に分配するダクト式セントラルエアコンがありません。日本のヒートポンプ、特に効率向上に役立つインバータ制御に関しては世界一ですから、そうした方向でもっと製品開発が進めばよいのですが」。

このご意見には全面的に賛成です。

わが国には、ダクト用エアコンを製造しているメーカーは数社ありますが、それをセンターダクト方式の換気システムと組み合わせることで、「住み心地がよい家をつくる方法」を提案しているのは、世界で今のところ「涼温な家」だけです。

「1台のエアコンで全館冷暖房」という提案は、年々増えてきています。それは断熱性能とエアコンの性能とが向上しているからで、西郷さんも指摘されていますが、能力的には家の広さと間取りによっては実現が可能であって驚くことではありません。

しかし、独立した部屋を設ける一般的な間取りの場合には、どうしても不快な温度差ができてしまいます。そこで、換気と組み合わせ、ダクトと送風機を用いて「全館空調」を目指すのは当然の成り行きなのですが、これまで試みられてきた方法は、ほとんど成功していません。その理由は、日本の狭い家では、ダクトスペースが取りづらいので施工が難しく、曲げをつくるとその分ダクトの空気抵抗が増し、期待するような効果が得にくいからです。かといって、送風機の能力を高めると当然吹き出す空気の勢いは増しますが、それでは個別エアコンの感じと変わりがなくなってしまい、日本人が求める冷暖房感覚にはなじまなかったということもあります。

そこで、最近になって「涼温な家」もその一つなのですが、新たな発想による全館空調の試みが活発になってきました。

独立行政法人　建築研究所・理事長の坂本雄三さんは、２０１４年1月30日の「新建ハウジング」紙上に、「工務店など住宅のつくり手は総じて設備の性能や商品知識に乏しい印象がある。もっと設備に対して知見を深め、暖冷房設備も建物仕様の一部としてコーディネートする商品とすれば、工務店のビジネスの領域がさらに広がるのではないか」と提言されています。

まことに同感です。一時代前の「全館空調」は贅沢な設備として扱われていたのですが、上質な住み心地の実現に役立てるには、構造の一部として建物とコーディネートしない限りは不可能です。

この章の初めで、住み心地は「構造」・「断熱と気密」・「換気」と「冷暖房」の四つの要素をどのように扱うか、またその組み合わせ方によって大きく変わるとお話ししましたが、これからは「換気」と「冷暖房」を一対のものとし、あらかじめ建物に組み込むことが大事です。それにはまず換気の方法の見直しが必要になります。見直しのポイントは、しばしば指摘してきたように「換気の経路」についてです。

第一種全熱交換型換気の新たな問題

前述のように、国が機械換気を義務化した時に、機械の種類を問題にせず、選択を造る側に任せたために、その後、「換気の迷走」が始まり今も続いています。造る側としては、「換気」は面倒で厄介な上に、儲けにならないという思い込みがあり、住む側ではその必要性に対する認識が乏しいので、とにかく法律に適ってさえいればそれで十分だという合意になりがちです。

しかし、近年になって「外気の方がきれい」という「換気」の大前提がすっかり信頼を失い、疑わしくなりつつあります。

黄砂、ＰＭ2.5、車の排気ガスなどは発がん性物質であるだけでなく、血中に入ると脳梗塞や心臓まひ、肺がんの引き金になるという数々の指摘が専門家から相次いで出されています。そうなると、第三種のように数か所から外気を取り入れ、そこにフィルターを取り付けるのがやっかいなやり方ではなく、第一種のように外気の取り入れ口を１か所にして、浄化装置を設置することが極めて大事なことになります。

さらに考えなくてはならないことは、室内の温度・湿度が快適に維持されていても、２時間に１回は外の空気と入れ替えなければならないとなると、真冬や真夏は大変なエネルギーの損失になってしまいます。

省エネルギーという観点からも、全熱交換型による換気の採用が必須になったのです。これは、排気で外に捨てられる空気の熱と湿気を、外から取り入れる空気が持つ熱と湿気と交換し合って、できるだけ室内の温度・湿度に近づけて給気するという方法です。夏の高温多湿、冬の低温少湿の時期を、快適にかつ省エネに暮らすには、このように換気による「熱損失」を減らすことが大変重要なのです。

ところが、すでに述べたように２０１３年の省エネルギー基準の改正で、断熱性能の基準が熱損失係数（Q値）ではなく、外皮平均熱貫流率（U_A値）に変更となりました。それに伴い、換気で失われる「熱損失」は評価の対象から外され、一次エネルギー消費量の基準で評価することになったのです。

となると、換気はモーターの回転に要する電気代が少ないものが一番だという主張が勢いを増すことになります。

機械換気をめんどうくさがり、簡単なもので済ませたいと願っていた大量生産販売の造り手や自然換気派の人たちにとっては願ってもない変更です。

国は、住宅建設の経済的波及効果と、CO2排出量削減の国際公約の実行を優先して考えますから、そのような変更をせざるを得なかったのでしょう。しかしそれでは、住み心地はこれまでと同じように二の次、三の次とならざるを得ません。

「だから『いい家』を建てる。」（大和書房）

先に紹介した松井祐三さんは、最初の勤務先の空気環境でシックハウス症候群となり、次女が貸家で喘息になる体験を経て、換気の重要さに目覚め、2008年に「センターダクト方式の換気システム」を私と共に開発し、2013

年４月に特許を取得しました。

断熱性能と省エネを競い合う先進の工務店の中にあって、換気の重要さを啓蒙すべく「だから『いい家』を建てる。」（大和書房）を世に問うたのです。

換気の問題点について、日常生活を踏まえ、アフターメンテナンスにも配慮しつつ、わかりやすく書かれていますのでぜひご一読ください。

では、本論に入る前に、前章の最後で触れた「センターダクト換気」について、「だから『いい家』を建てる」から一部を引用します。この換気方法がないことには、「涼温な家」にはなり得ないのです。

■機械換気が抱える問題点

第一種も第三種も、室内で最も空気が汚れている場所はトイレ・洗面所であるという前提で換気計画が行われている。

それらの場所はダーティーゾーン（汚い）と呼ばれ、排気口を設けるところとなっている。排気に見合う外からの空気は、第三種の場合はリビングや各居室の外部に面した壁に設けられた複数の給気口から入ってくる。

第一種の場合は、外壁の1か所の吸気口から取り入れて、換気装置を通して、天井に這わされたダクトで、リビングや各居室の天井のグリルから給気される。いずれも、新鮮空気が供給されるところはクリーンゾーン（きれい）と呼ばれている。

空気は、クリーンゾーンからダーティーゾーンへと流れていく。これを「換気経路」といい、世界的にも常識とされている。

ちょっとイメージしてみよう。

いま、ある部屋で寝たきりの人のオムツの交換が行われている。これまでの換気だと、居室はクリーンゾーンという設定になるので、臭いは拡散しながらダーティーゾーンへと流れていく。

それはおかしくないだろうか？

臭いは発生源に近いところから速やかに排気すべきではないか。臭いが発生するところがダーティーゾーンなのである。ならば、そこに排気口があるべき

〔換気の経路はどうあるべきか？〕

●新換気システム（センターダクト方式）

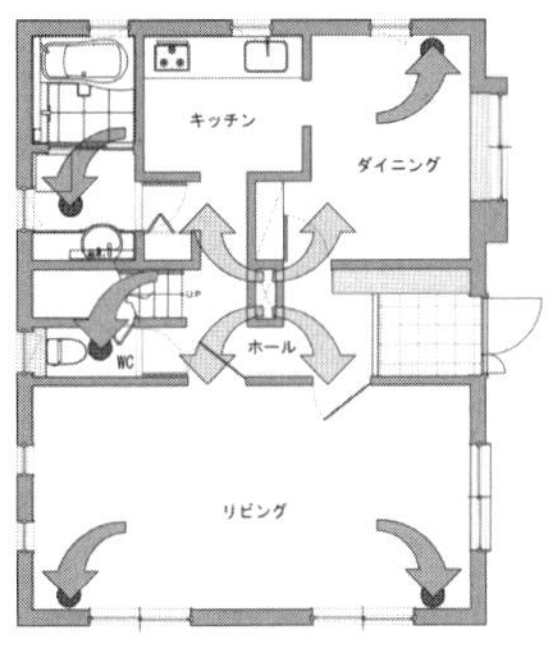

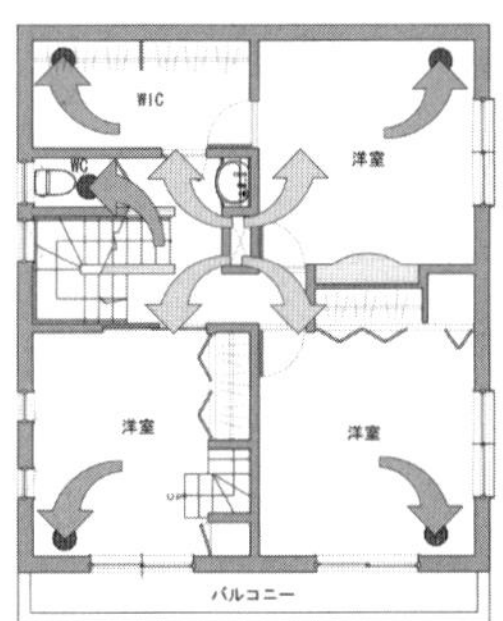

●第三種セントラル方式

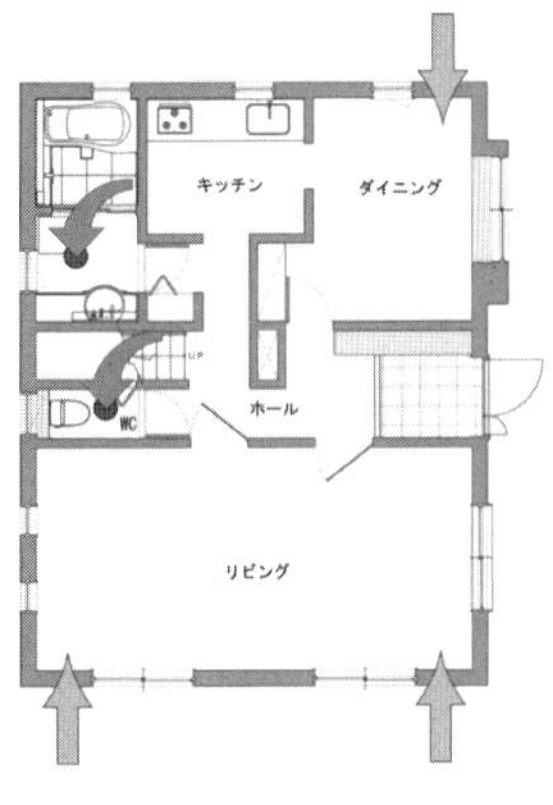

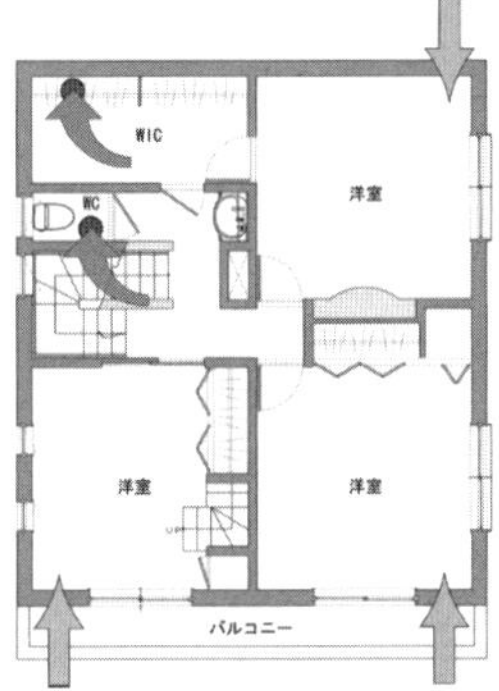

だ。すなわち、換気の経路を逆転させなければならない。

それには、換気をゾーニング（区分け）という観点からではなく、人を中心にして考えてみなければならない。新鮮空気を必要とするのは人であり、空気を汚染するのも人なのだから。オムツ交換の臭いが拡散しない家に暮らせるならば、介護する人、される人、そして家族のストレスはどれほど軽減されることだろうか。

もう一つの例をイメージしてみたい。

インフルエンザに罹って、子供が部屋のベッドで激しくくしゃみと咳をしている。これまでの換気の経路だとウイルスは廊下に拡散し、汚染を拡大しながらトイレか、洗面所の排気口に流れていく。そうなると、家族に感染する確率がたいへん高まってしまう。

このような不合理を改善するにはどうしたらよいのか、それを解決する画期的な提案として考案されたのが「新換気」システム（CD－HEV）である。（以下「新換気システム」という）

■世界の常識を変える新しい換気の考え方

「新換気システム」とは、セントラルダクト・ヘルシー・エコ・ベンチレーションのことである。

建物の中央付近に設けられた耐火仕様のセンターシャフトには、小屋裏に設置された換気装置本体と床下を結ぶ垂直のダクトが納められていて、各フロアーに設けられた給気口から空気が供給される。

排気は従来の考えとは逆に、部屋の外周に近い天井から行われる。住む人に新鮮な空気を確実に与えつつ、人やペットが発する二酸化炭素や臭い、ハウスダストなどを拡散させずに発生源に近いところから排出してしまう。給気口から排気口への空気の流れ具合を、レーザー可視化カメラで撮影した動画でご覧いただくと、お客様は驚きの声を発する。

ダクトの径は20センチと25センチの2種類あり、建物の規模によっては2本使う。木造3階建てや地下室にも対応できる。音の伝搬を心配する声もあるが、住んでみて、気になるという人はいない。

■特筆すべき三つの特長

一つ目は、径の大きい垂直ダクトなので空気抵抗がきわめて小さい点だ。換気は、空気の摩擦抵抗との戦いでもある。

第一種換気にとって抵抗となるものは数多い。外壁面に設けられる吸気口に、雨や雪、昆虫や鳥などの侵入を防ぐためにフードをつけるのだが、それが第一番目の抵抗物となり、フィルター、熱交換素子、ダクト及びその分岐と曲がり、吹き出し口のグリルなど、すべてが抵抗を増幅してしまう。

換気装置本体の内部に必須のフィルターが汚れ、目詰まりしていくと空気抵抗はさらに増え、新鮮空気の供給が計画通りには確保されないということがよく起きる。

新換気システムは、ダクト部分の空気抵抗がきわめて小さく、そのため、換気装置本体の前に設置する外気浄化装置の能力を高めることができるので、換気装置そのもの、及びダクト内部の汚れが激減する。

二つ目の特長は、換気装置本体だけでなく、空気を供給するダクトの内部を、見て触って、点検・掃除ができることだ。

それらが厄介で困難では、いつまできれいな空気が吸えるのか不安にならざるを得ない。これまで、セントラル式の第一種換気が敬遠されてきた理由の主な点がそこにある。

ダクトは、約2メートルの長さでジョイントされるので、交換の必要が生じた場合でもユニットの交換が簡単にできる。

三つ目は、床下を含め構造内部も同時に換気できるということだ。

都市近郊に建つ住宅で構造材を長持ちさせるためには、床下換気口（基礎パッキン工法を含む）から風を通すこれまでのやり方、すなわち「通気」よりも、床下換気口をなくし、気密性を高めて計画的に機械換気する方がはるかに安定して好ましい環境を維持することができる。

これから建てる家は、高温多湿な空気だけでなく、多発する豪雨や水害の影響にも配慮して、床下を守るためにも床下換気口はやめるべきである。

■「新換気システム」の効用

カビの害から、いかにして住む人と家の健康を守るか。

家造りが進化し、一時代前と比べると快適性が飛躍的に高まっているのに、カビ問題は一向に解決されていない。古くて新しいこのテーマと真剣に取り組んでいくと、「新換気システム」の効用が見えてくる。

カビは、臭いも見た目にも不快であるが、真菌感染症・真菌アレルギー症・真菌中毒症などをもたらし住む人の健康を損なう。

真菌感染症の場合、高齢者の肺や脳に巣くってガンよりも厄介な悪さをもしかねないという。

真菌アレルギー症は、気管支ぜんそく、アレルギー性鼻炎を引き起こすだけでなく、不眠症、胃腸障害の原因になることもあるそうだ。また、木材に発生する腐朽菌は、家の寿命を著しく縮めてしまう。

カビの胞子の大きさは、直径で３～15マイクロメーターくらいだから目には見えない。胞子は、他のハウスダストと共存し空気中を浮遊している。床やふとんに付着してダニの餌となり、その死骸や糞とともに再び浮遊する。胞子は、湿気ていたり濡れているところがあると付着し、発芽して菌糸となって増殖する。やがて、カビの色として目に見えるようになると飛散するという悪循環を繰り返すこととなる。

カビが生育するためには、酸素、温度、湿気、そして栄養が必要となる。温度が15～35度、湿度が75％以上あって空気がよどんでいると、生育が盛んになる。したがって、家の内部の環境をそのような条件にしないようにすれば、カビの生育を抑制できることになる。

だが、人は1年を通じて18度から28度の温度範囲を好み、カビが好むような栄養源を絶つことも生活をしている限り不可能である。結露を防ぐことはできるが、生活上濡れたところをなくすことも難しい。

しかし、「新換気システム」を用いるなら、余分な水蒸気を排出し、湿度をコントロールし、適当な気流を確保することでカビの発生を少なくすることが可能になる。それだけではなく、浮遊する胞子をハウスダストとともに排出することにも役立つ。これらの効用は、「自然換気」ではとても得られるものではない。

実際に住んだ人から、ぜんそくやアトピー、花粉症などのアレルギー疾患が軽減したり、悩まされなくなったという声が多数寄せられている。

■梅雨から夏が快適な家

住んでいる人たちの梅雨から夏、そして秋の長雨の時期にかけての感想を挙げてみよう。

○カビの臭いがせず、生活臭が気にならない。
○クローゼットや玄関収納の革製品にカビが発生しない。
○押入れの布団がサラッとしている。

○ベランダでふとんを干す回数が激減する。
○洗濯物を室内干しできる。
○エアコンをつけても膝から下に痛みを感じない。
○冷房の不快さを感じない。

一般的には、エアコンをつけると冷気が床によどむ。膝から下が冷え、自律神経が失調し、「冷房病」になりやすくなる。しかし、「新換気システム」の家では、不快な冷えを感じない。それは、常に床から天井へと向かう空気の流れがあるからだ。

他の換気方法では、空気の流れが逆なので冷気が床によどみやすくなる。湿度が低いと冷房の設定温度を下げなくても快適でいられる。室温が28度でも快適に感じられると、エアコンの利用の仕方がこれまでとはまるで違ったものになる。「冷やす」ためではなく「涼しく」するために活用できるからだ。

冷気がよどまない、肌に感じない程度ではあるが常に空気が流れている、その状態を多くの人は、「空気が軽くて気持ちよい」と表現する。

これから家を建てる人は、温度だけでなく湿度と冷気に関心を強め、快適で健康増進に役立つ家を積極的に求めるべきだ。
（改訂新版二〇一九年10月7日発行第四刷より）

第３章　涼温（りょうおん）な家

エアコンの快適革命

このセンターダクト換気に、ダクト用エアコンを組み合わせたのが「涼温換気」であり、それを装備した家を本書では「涼温な家」としました。

「涼温な家」の概要をお話ししますと、構造は木造軸組であり、断熱の方法は基礎を含めて完全な外断熱（そとだんねつ）（外張り）です。充填断熱を付加し、窓の性能を高め、相応の太陽光発電を載せると「ゼロ・エネルギー・ハウス」を達成するのは容易です。基礎外断熱の落とし穴とも言われているシロアリ対策は、ＭＰ工法（特許）で万全です。蓄熱・保温効果に優れた家ですから、換気を「第一種全熱交換型」で行うので、さらに保温・保湿効果が高まります。

エアコンの風が嫌いで、「涼温」という言葉の感じに惹かれて本書を手にされた方は、「なんだ、エアコンを使うの？」と、がっかりされた方も多いことでしょう。

２０１１年までは私はもちろんのこと、「いい家」をつくる会の工務店主たち全員がエアコンによる暖房を不快と感じ、エアコンを用いる暖房の仕方を最悪であると決めつけていました。蓄熱式電気暖房を最善としていたのです。音も風も出さず、深夜電力を利用して夜間に蓄熱し昼間放熱する。そのマイルドな暖かさに惚れ込んでいたのです。

しかし、２０１１年3月11日に発生した東日本大震災で原子力発電が停止し、将来的にも深夜電力の利用が必ずしも安上がりとはならない恐れが生じ、設備の省エネ化が求められ、特に暖房方法の見直しが急務になりました。そうなると、省エネルギーという点では、年間のエネルギー消費効率（ＡＰＦ）が5倍前後も優れたエアコン（蓄熱式電気暖房機は1倍）との組み合わせを考えざるを得ません。幸いなことに、アメリカでは一般的に用いられているダクト用エアコンが、日本でも主に業務用に発売されていました。それを「センターダクト換気」と組み合わせ、家庭用の冷暖房にするにはどうしたらよいか、横浜市長津田にある二棟の体感ハウスの一棟と、東京都小平市にある私の自宅を実験棟として２００８年から研究開発を開始したのです。

理論やシミュレーションでは冷暖房効果が得られるとは分かっていたのですが、正直に言って質感までは分かっていませんでした。４年間、夏と冬に改良を重ねた結果、これからお話しする「涼温な家」にたどり着くことができたのです。

逆転の発想

家庭用エアコンとしては、「ルームエアコン」と呼ばれる壁掛け型か、「天カセ」と呼ばれる天井埋め込み型が一般的です。

それらは、エアコンの風によって冷暖房感が得られるものなので、常に気流を意識せざるを得ません。エアコンの風が嫌いな人にとっては、たいへんなストレスとなります。人は、暖風であれ冷風であれ、気流を気持ちよく感じるのはほんの一時でしかありません。あとは暑さ・寒さに耐えるよりはましと我慢することになります。しかし、「涼温な家」は違うのです。

なぜ違うのか?

それは逆転の発想で、「換気経路」を従来とは180度変えたことによります。外気浄化装置を通って全熱交換された空気は、垂直なセンターダクト(内径25㎝)から各部屋に給気されます。給気を家の中心に近いところから行い、排気を各部屋の外周に近い天井から行います。

一般的には、給気は天井裏に大蛇のようにのたうつダクト(内径5~7.5㎝程度)を用いて、換気装置から遠く離れた部屋の天井に設けられた給気口から行われます。その程度の太さでは、前にも述べたように空気はダクトの抵抗で勢いを失い、細々としか給気されない場合がよく起こります。

理想とされる第一種換気装置がなぜ敬遠されるのかというと、太いダクトを用いるスペースを取るのが難しい上に、給気と排気のための二系統のダクトが必要なので、施工が面倒だからというのが主な理由です。

涼温換気の場合、給気は内径25㎝の太さの断熱された垂直ダクトを用いますから、空気抵抗が極めて少なく、「換気経路」の流れに冷気と暖気がうまい具合に乗るのです。

この方法は、これまでの換気の常識をひっくり返しただけでなく、冷暖房時は熱の分配も一緒に行うので、当初は効果を疑問視する人が圧倒的多数でした。ところがやってみると、換気の効果が確実に向上しただけでなく、冷暖房効果も想定以上に得られたのでした。従来の暖房の常識では、熱源は窓の下か、なるべく近く（ペリメーターゾーン）に設けるのが良いとされていましたが、隙間の少ない、つまり気密性と断熱性の高い窓を用いると、そうしなければならない理由がないことも分かりました。

その他いろいろな批判や危惧があったのですが、実証実験を繰り返してみて驚いたことに、冷気がよどんだり、暖気を顔に感じたりすることがなく、冷暖が「涼温」となり、「えっ、まさか！これがエアコン？」と、思わず叫んでしまったほどの快適さが生まれたのです。

涼温換気®（特許）のイメージ図
CD-HEV（Center Duct Healthy Eco-Ventilation）

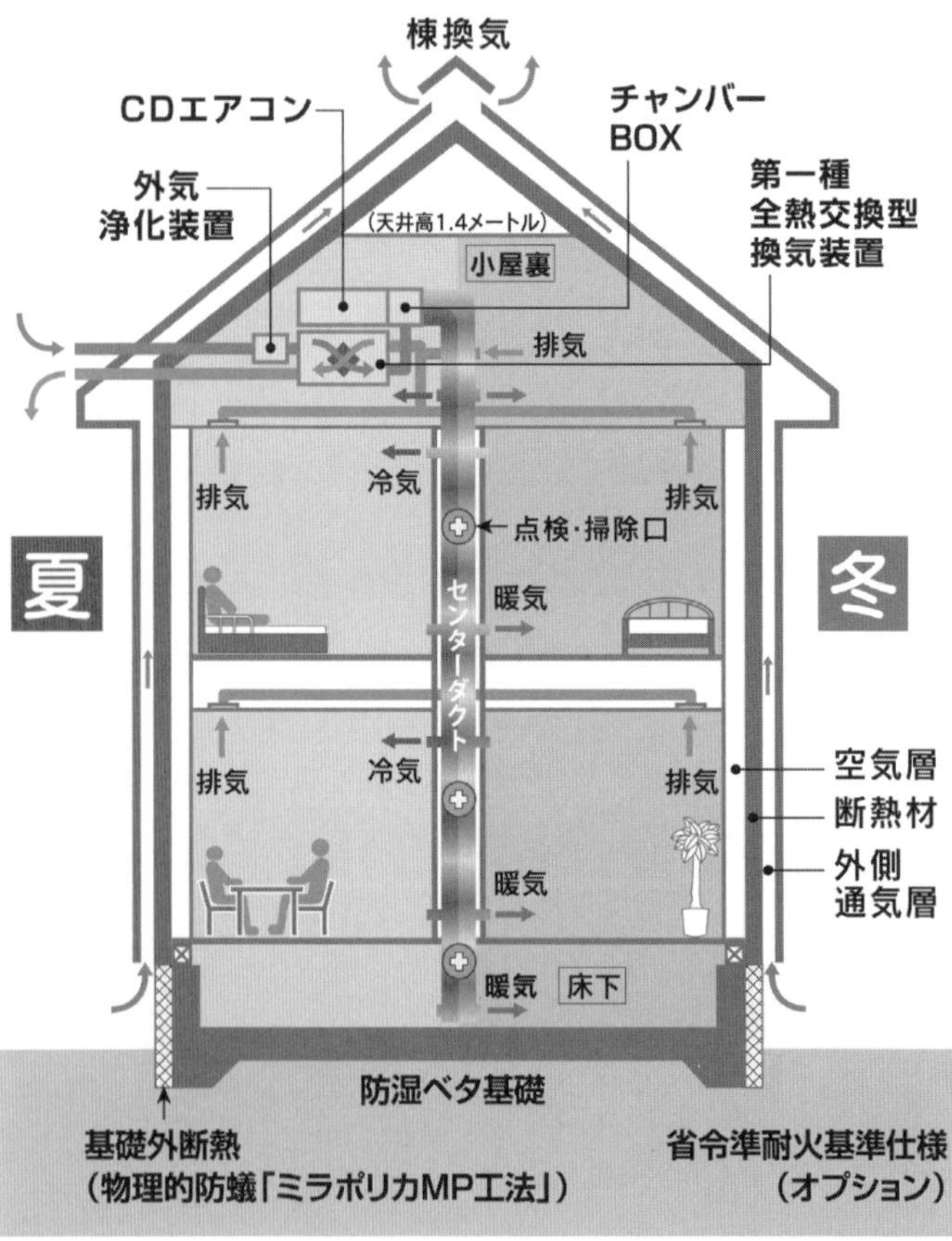

全館 涼温 房を実現する 5つの組み合わせ

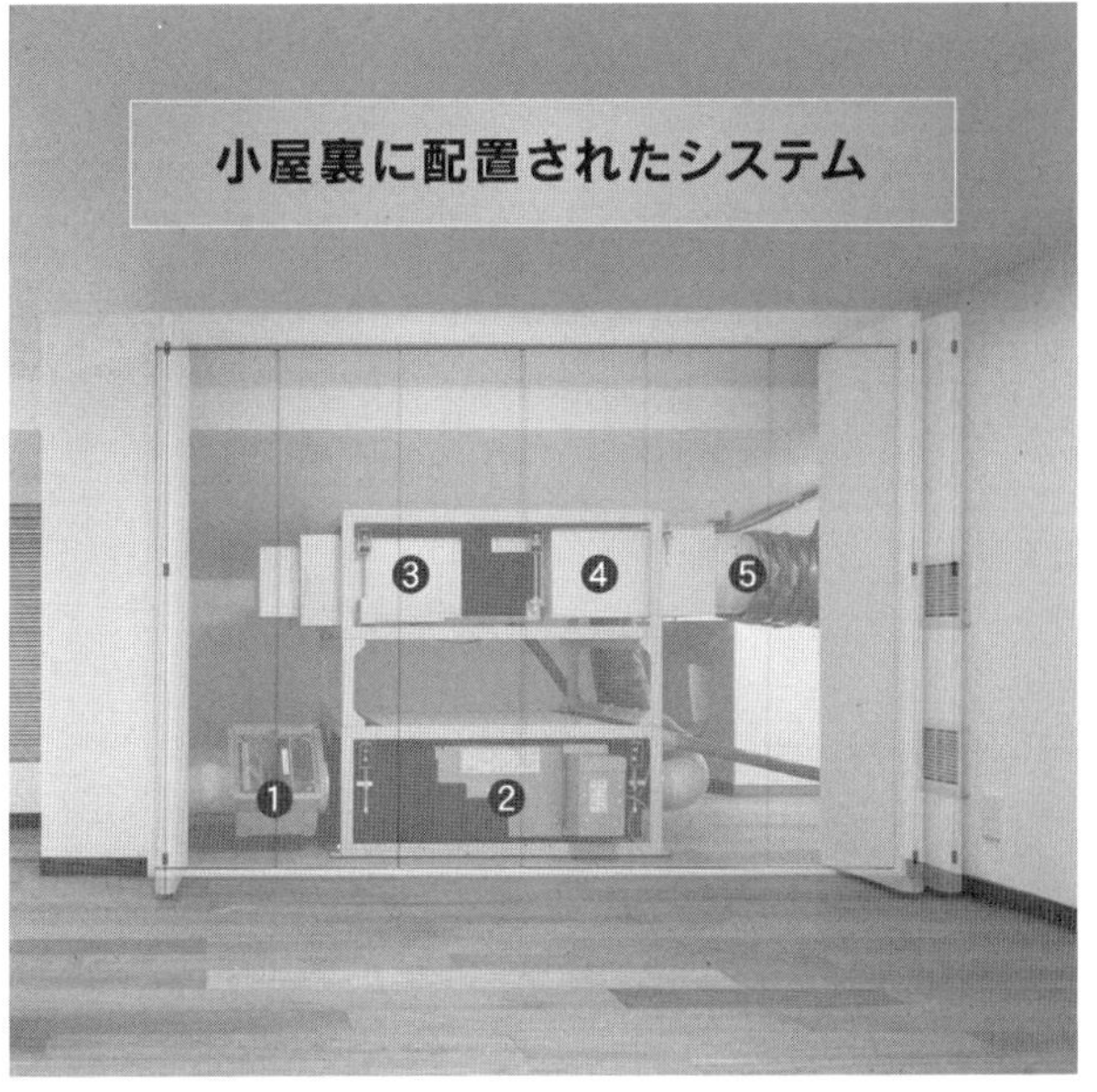

❶ 外気浄化装置　❷ 第一種全熱交換型換気装置
❸ ダクトエアコン　❹ チャンバーBOX　❺ センターダクト

すべてのものは、組み合わせで成り立つ

私が自宅に「センターダクト換気」を設置したのは2008年10月のことでした。12月には小屋裏に設置してあったルームエアコンを板状の断熱材で囲ってチャンバーボックスをつくり、第一種全熱交換型換気装置から吹き出される浄化された空気と混合し、強力な送風機を働かせてセンターダクトに吹き込む実験を開始しました。

1台のルームエアコンで全館冷暖房をするという試みは、すでにいろいろと行われていて、たとえば、小屋裏に断熱材で囲ったチャンバールームを造り、そこから各部屋へ小型モーターを使って送風するというものは、10か所に送るには10個もの送風用モーターを必要としていました。こちらは1個の送風機で済むので技術陣の鼻は高いものでした。しかし、私はこのような方法は納得できなかったのです。

小屋裏といえ大きなチャンバースペースを造らねばならないことです。それ

では収納スペースが失われてしまいます。

もっと良い方法を考え出そう。試行錯誤を繰り返す日々が続きました。

そんなとき、日経夕刊に紹介されたハードロック工業株式会社社長の若林克彦さん（１９３３年生まれ）は、「世の中の商品は、すべて未完成だとみなせ！すべてのものは、組み合わせで成り立つ」と述べられていました。

（ハードロックナットというのは、絶対に緩まないナットである。新幹線の安全は、このナットによって守られているとも言われている。）

私は、素直に若林さんのアドバイスに従うことにし、最善の組み合わせを考えることにしました。ルームエアコンを使わないとともにチャンバーボックスも見直し、アメリカのニューオリンズの住宅で見たダクト用エアコンとの組み合わせを提案したのです。さんざん苦労してチャンバーボックスをつくり上げた技術者たちはがっかりしましたが、最初からやり直しです。

アメリカでは家庭用としても主流であるダクト用エアコンは、日本では業務用に売られていました。そこで、早速試すことになったのですが、本当の苦労はここからでした。チャンバーボックスを10分の１に小型化して効率化を図る挑戦の始まりでした。

「これでどうだ！」というものがわが家に設置され、運転を開始したのはセンターダクトを設置してから約4年後の２０１２年7月13日でした。フルパワー4.5kw（暖房時５kw）の70％出力＝約3.2kw（10畳用）で50坪の家の中は、どこにいてもかつて感じたことがない「涼感」が見事に得られたのです。同時進行で横浜長津田の実験棟でも実証され、暑い日に体感に来た「いい家」をつくる会の会員たちから絶賛を受けました。


冬の到来が待ち遠しかったのを鮮明に覚えています。朝7時の外気温がマイナス２度近くまで下がった日が来ました。私は、パジャマのままワクワクしながら各所に設置してある温度計を見て歩いたのです。前夜11時に停止したエアコンは、自動で朝5時から運転されていました。現在の標準仕様よりも断熱性能がだいぶ劣るわが家の中は、どこも想像以上に暖かく、いちばん冷えていたのは１階の北西の角にある書斎で19・5度。食堂が21・5度。

「これなら、お客様に喜んでいただける」と確信しました。

エアコンの風にストレスを感じることのない、「冷暖」ではなく、日本人の皮膚感覚に合う「涼温」に満足できる家の誕生となったのです。

「涼温な家」は、お客様との絆を「ハードロックナット」のように絶対に緩まないものにすることができると私は確信したのでした。

「いい家」をつくる会とは、拙著「『いい家』が欲しい。」の主旨に賛同し、一人でも多くの方に本を読んでもらいたいと告知活動を続けている工務店が、インターネット（ii-ie.com）上で集う会です。

会員の中には、「住み心地体感ハウス」をオープンしているところもあります。

エアコンの風

「涼温換気」というのは、外気を浄化し、全熱交換した空気に夏は冷気、冬には暖気をミックスし、センターダクトを通して家中を換気するシステムです。換気の経路がこれまでとは逆転することも作用して、「全館空調」のような冷暖気流のストレスを感じることがない「全館涼温房®」が実現するのです。

「涼温換気」が「冷暖」と称さないのは、「冷暖」よりもマイルドな快適さを発揮するからです。先にも述べたとおり、エアコンからダイレクトに吹き出される気流は決して快適ではありません。どんなにインテリアや家具・調度品が素敵な家に招かれても、エアコンの風を意識させられた瞬間から、感激は吹き飛んでしまうものです。私のように「気流過敏者」にとっては、エアコンを見ただけでもストレスを感じさえします。

床置きにしろ、天井付にしろ、サーキュレーター（空気を循環させることに特化した扇風機）と併用されたら、いっときも早くその場から逃げ出したくなります。

断熱性能に優れた家では、エアコンを連続運転して床・壁・天井をほぼ同じ温度にすれば、風量を弱にできるのであまり気にならなくなるはずだという専門家の意見もありますが、私には気になります。

自分が不快に感じるものを、お客様に「これしか方法がない」は不正直ではないか。上質な住み心地を追求するかぎり、「エアコンの風」の不快さをなくしたいと常々考えていました。

その一心がようやく実ったのです。

この「全館空調の快適革命」ともいえるシステムについて、理論的に説明するとそれだけで1冊の分厚い専門書が必要となりますので、ここからは、「涼温な家」にたどり着く道程、住み心地の実証の経緯、お客様の選択の動機、住んでからの感想などを折に触れて、私と「さらに『いい家』を求めて」（ごま書房新社）の著者である久保田紀子さんが綴ったブログに一部手を加え、お客様からのメールやお手紙を交えてお話しします。

なお、「涼温な家」は、最初は「涼温換気の家」と呼んでいました。システムは、「涼温換気」と言います。

「暑さ寒さに耐えている時間がもったいない」

暑いさなか体感ハウスに高齢の女性が、50代とおぼしき娘さんと一緒に来られ、家中を十分体感した後で、こんなことを言われた。

「私はエアコンの風が大嫌いです。レストランなどで風を受けると、まるで拷問されているような気持ちになるときがよくあります。だから、家ではできるだけ窓を開けています。

でもね、窓から入ってくるのは、モワーッとした熱風とホコリとお隣さんの音ですから、うんざりして体が思うように動かなくなるのです。

この家は涼しいですね。でも、不思議なことにエアコンが気になりません。

このような家なら、何をするにも能率が上がり、暮らしが楽しくなりそう。冬は寒さに耐えるために重ね着をして縮こまり、夏は暑さでぐったりして動けない。わが家のような家で暮らすことは、人生、損ですね。暑さ寒さに耐えている時間がもったいないですよ」。

娘さんは、いろいろな住宅本を読み、住宅展示場もよく見られているようだ。しかし、一週間ほど前に「新『いい家』が欲しい。」を読んでから考えが変わったという。家に求めるべきものが分ったからだ。

「母が暮らしている家も、私の嫁ぎ先も、いちばんストレスを受けていたのは空気だ、と気づいたのです」

娘さんは、体感ハウスに来てみてつくづくそう実感したそうだ。

その方は、自分に言い聞かせるように力を込めて言われた。

「こんな家があるなら、一日も早く住まなくては」と。

お二人は、２時間近く体感して帰って行かれた。

「暑さ寒さに耐えている時間がもったいない」という言葉は、80歳前後とおぼしき人から聞かされると、ずっしりと重いものを感じた。

「住む」と「訪れる」の違い

温泉は大好きだ。しかし、気になることがある。

旅館での夏の夜は、エアコンによる不快さを我慢しなければならないことだ。止めれば暑くなるし、つければ寒くなる。窓を開けたままでは防犯が心配だ。「涼温換気の家」で暮らすと、温泉へ行っても旅館に泊まる気になれなくなってしまう。

哲学者・桑子敏雄氏は、「感性哲学2」(東信堂)にこのようなことを書かれている。

〈「住む」ということは「引っ越して暮らす」という行為であるとともに、一定の空間に身を置いて心のあり方を空間と一体化するということでもある。つまり、たんなる一回的な行為ではなく、持続的状態を選択する行為であるということである。したがって、「住む」体験によって得られるものは、「通う体験」や「訪れる体験」とは本質的に異なるものを含んでいる。住む体験のもとに語られることばは、通うひとや訪れるひとによって語りえないものである。〉

「終わりに」にも書いたが、住宅について語る人は、自分がいいと考える家に住むことが絶対に必要である。「住む体験」がなく語られる住宅論ほど無責任なものはない。「住む体験」なくしては「住み心地」の良し悪しは分からないのだから。

住宅について人の意見をききたいときは、まず、その人が住んでいる家を訪れてからにするといい。

「涼」という字

朝日新聞「天声人語」が「外断熱」で私を取り上げたのは2000年1月23日。12年後の8月4日、「天声人語」は「涼」について書いていた。その真下には「『いい家』が欲しい。」の広告があり、「涼温換気」を発表した直後だけに興味を引かれた。

要約すると、〈「涼」の字を眺めるだけで、ふっと体感温度が下がる気になる。寺田寅彦のエッセイに「涼しさは瞬間の感覚である。持続すれば寒さに変わってしまう」とある。今、スイッチひとつで人工冷気が部屋に満ちるのはありがたいが、そのぶん人の五感は鈍りがちだ〉となる。

そうなったのではよくないと思う。

「涼温な家」も「人工冷気」によって涼しさを得るのは間違いない。つまり、エアコンによる冷気である。問題なのは、涼しさを快適と感じる時間の長さだ。理想は24時間である。猛暑日が続いても、朝・昼・夜と快適な涼しさが続くとすればこんなありがたい家はない。それが「涼温な家」である。

しかし、「涼感」は家中どこも同じというわけではない。部屋や場所によっては物足りなかったり、冷えすぎると感じる場合もある。だから、家族の感受性と住まい方を事前によく確認して設計しなければならない。また、一定に続く快適を不快と感じる人もいるだろう。そのような人には、適度な「ゆらぎ」があるといい。

そのために効果を発揮するのが扇風機である。機種によっては「涼しさは、瞬間の感覚である」を見事に味合わせてくれるものがある。

天声人語子が「涼温な家」を体感したら「人工冷気」であっても、人の五感は決して鈍ることなく、むしろ研ぎ澄まされ、暮らしをより楽しむことができるようになると知って驚くことだろう。

隙間風は論外として、自然の風が本当に住み心地と健康維持・増進に役立つものなのか、見直す人が増えている。「ヒートアイランド現象」や「越境大気汚染」を持ち出すまでもなく、近年では多くの人が自然の風の不都合さに悩まされているのだ。

「高気密・高断熱」によって、自然の風を頼りにする住文化が失われ、エアコンが自然に対する感受性を断ち切ってしまったと嘆く意見はあるが、それらが健康・維持増進に役立っているのも事実である。

「小屋裏エアコン」対「涼温換気」

わが家の断熱・気密レベルは、「中断熱・中気密」でしかないが「涼温換気」となって以後、7月28日から8月7日までの10日間の消費電力は、98・6kw。電気料金は概算で2268円。一日当たり約268円であった。

この間、記録的な猛暑が続いたのだが、24時間、家中どこにいても、目が覚めてから寝るまで、いや寝てからも、かつて体感したことがない上質な「涼感」を味わうことができた。

サラッとして爽やかな涼しさなのである。

８月13日、久保田さんの家でも涼温換気がスタートした。断熱ダクトではなく既存の普通ダクトをそのまま使うので、熱ロスが生じるし風量が確保できないなどと技術担当の方では難色を示し、久保田さんからはどうせやるならダクトを交換して完全版でお願いしますと言われたが、私の要望で実証実験に入らせてもらった。

「新換気」の家、つまり断熱ダクトでなく普通ダクトで、はたして「涼温換気」が効果を発揮できるのか、それを知りたかったからである。

しかし久保田さんは、小屋裏に設置したルームエアコンで十分涼しいと満足して暮らしているので、そこに「涼温換気」を入れる必要性を納得し切れない様子だった。それは冷房には役立つが暖房には役立たない事を失念したようだ。

午後から気温は23度ぐらいまで下がり、猛暑が一息ついた。案の定１時間もすると「25度に設定しているのですが、ちょっと寒い感じがします」と、やや

リビングの中央に設けたセンターシャフト。上下に給気口がある。

不満げな報告がきた。

「普通のダクトでそれだけの効果が出るということは、それなりに評価できることです。寒いと感じたらエアコンの設定温度を上げるか、それでも改善されないならスイッチを切ってください。外気温が23度以下ともなれば、第一種全熱交換型換気のバイパス機能(熱交換をしない)だけで十分ということですから」。

久保田さんは言外に、「私は小屋裏エアコンの方が好きだ」と、におわせていた。

「小屋裏エアコン」にするか「涼温

換気」にするかは、その日の温度・湿度、体調などを総合的に判断して決めてみてくださいと、私は言った。

私の家でも選択できるのだが、私も女房もすっかり「涼温換気」のとりこになってしまった。でも、昨日の夜はエアコンを止めて寝た。つまり、「センターダクト換気」だけで十分快適だったということである。

醍醐味

久保田さんから毎朝、「涼温換気」について報告のＦＡＸが入ってくる。測定器が８か所に設置してあり、それらのデータをパソコンに吸い上げるとグラフ化されるので、それをメールしてくればいいのだが感性を重んじる人らしく手書きである。

不思議なもので手書きされると、数値が理性的ではなく、涼しさ・暑さという実感を語っているように見えてくる。

報告の冒頭に、家の内部と外の絶対湿度（乾き空気1kgに含まれる水蒸気の量）の比較がある。家の中は10・8gで「サラッとしている」。外は18・6g、「無風で空気がベタッとしており重い感じ」とある。

この状況で窓を開けたら、湿気が平衡状態になるまでどんどん家の中に浸入してくる。

「通気工法」の外気導入口（床下ダンパー）は地面に近いだけに、さらに湿気た空気が入ってくるはずだ。家の中は、エアコンをつけたとしても除湿効果は得られず、省エネの逆を行く結果になってしまう。住友林業が推奨している風を利用する「涼温房」や、一部の工務店が自賛している「自然換気」の家は、湿度を度外視した抒情の世界の話であることがお分かりいただけるであろう。

「涼温換気」にしてから3日間ほど戸惑っていた久保田さんは、一週間が経過した頃から、「暑からず寒からず、グッスリ眠れた」と書く日が増えてきた。「その日、その時の自分の肌に合う涼味を楽しむことができる」と言うだけでなく、「このサラサラ感がなんともいえず、すばらしいですね。〝涼〟に関しては申し分ないと思います」とも書いている。

久保田さんも、「涼温換気」の醍醐味に気付いたようだ。

「醍醐味」には最上の美味という意味のほかに、本当の面白さ、深い味わい、神髄という意味がある。私は、さきほど小平の事務所に行ってその醍醐味を堪能してきた。二重ドアで仕切られた書庫やトイレの中も快適だった。

夏休みが終わって出社する社員たちも、涼しさに感動するに違いない。

猛暑日

久保田さんが、東京体感ハウスの「涼温換気」を体感に来た。

以前の「新換気」＋「小屋裏エアコン」の状態を熟知しているので、違いに驚いていた。床下から１階、２階、小屋裏へと体感して「すばらしい！」と感激の言葉を連発した。

今朝は7時過ぎまで熟睡してしまったそうだ。

夜は玄関の中に入れている犬が、涼温換気にしてから、「ハアハア」言わずに静かにしているとのこと。「犬も気持ちいいようです」と声が弾んでいた。

そう言えばわが家の愛犬も、以前やっていたように玄関の大理石に腹ばいになって「ハアハア」することは全くしなくなった。散歩から帰って10分もすると、涼やかな表情になってソファーの上に寝そべることが多くなった。

2012年8月23日、暑さも和らぐころとされる二十四節気の「処暑」だが、午後2時の外気温は36度を記録する猛暑になった。

しかし、築10年を経過した60坪の体感ハウスの内部は、〈設定温度25度／40％出力（1.8kw6畳用）／風量：弱〉で、どこも25・5度から27・5度、湿度平均53％、絶対湿度は平均で11・5グラム、サラサラとした涼感がなんともすばらしい状態であった。

左側上下が給気口。グリルの調節で風量と風向きを変えられる。

「涼温換気」は海の色

センターダクトの空気供給口の開度を調節すると、どのように涼感が変わるのか、今日は社員たちが代わるがわる午前と午後に体感ハウスで体感した。

最初はやや戸惑っていたが、やがて、温・湿度計のデジタル表示を見ただけではわからない「涼温換気」の味わいに気付く。社員の一人がこんな感想を言った。

「色彩で表現すると、これまでのルームエアコンの風は青ペンキをべたっと塗ったような冷感でしたが、『涼温換気』は海の色のように多様ですね」

温度・湿度計には変化がなくても、上下にあるグリルの開度と風向きは、部屋にいる人に微妙に影響し、快適さが変わる。ということは、調節をすれば好みの「涼感」が得られるということだ。

これを試すのは実に楽しい。単純で、扱いやすく、効果がはっきりとわかるから誰もが納得できる。社員たちは、住み心地という住宅のいちばん大切な価値と「涼温換気」の奥深い魅力を体感したようだ。

「これはエアコン利用の革命だ!」

「これはエアコン利用の革命ですよ!」と、「いい家」をつくる会・三重県のマルカの近藤社長が、社員5人を連れて東京体感ハウスへ来るなり開口一番に言われた。

自社の体感ハウスをリフォームし実際に体感して、「これからは、エアコンに対する考えを根本から改めることにしました。エアコン嫌いの人に体感していただくと、みなさんがびっくりされます」と、興奮気味に語られた。

実は、私も同じなのだ。

嫌いだから、「センターダクト換気」にエアコンを組み合わせる全館空調的なやり方に対して、当初は否定的な考えにならざるを得なかった。

しかし実証実験をしてみて、同じ材料であっても料理の仕方によって美味しさが変わるように、エアコンが想定外の快適さをもたらすと分かった。

２年近く改善を積み重ねているうちに、エアコンに対する否定的な考えが徐々に変化していたのだが、自宅で試してからは大嫌いが大好きにコロッと変わってしまったのである。

「涼温換気」は、マルカさんが言うように「エアコン利用の革命」としか言いようがない。

一番感激した仕事　それはエアコン撤去工事

東京住み心地体感ハウスでは、２０１２年8月29日、１階・２階のルームエアコンをすべて撤去した。

私は電気屋さんと打ち合わせを済ませてから現場回りに出かけた。夕方戻ると彼は目を輝かせて言った。

「この仕事を30年以上やらせてもらっていますが、今日の仕事が一番感激しました。朝から始めて今になっても、家に入った時の快適さが同じです。ちっとも変わりがない。温度は27度前後で、湿度が50%台、エアコンのあの嫌な風がどこにもないんですね。一日家の中にいて、体の冷えを感じないんですよ。普通、エアコンがついているところに半日もいたら体が冷えてつらく感じますよね。

昼に食事をしに自宅に戻ったのですが、よくぞこんな暑苦しい家で我慢しているなーと思わず女房に言ってしまい、あわてて口を押えました。

あまりにも快適なのが不思議で、仕事をしながらいろいろ考えてみたのですが、『涼温換気』だからなのでしょうね。

こんな家に住めたら、女房もさぞかしストレスがなくなって健康になるだろうなと羨ましくなりました」

「この際、思い切って建て替えたら」

「そうしたいと思っていました。一度、女房を体感に連れてきてもいいですか？」

その真剣な表情から、彼はどうやら建て替えを決断したようだ。

（電気屋さんは、3年後に「涼温な家」に建て替えた）

「床下エアコン」という提案

シンガポール建国の父と言われる元首相のリー・クアンユーさんは、東南アジア諸国にとって今世紀最大の発明はエアコンであると言われたそうだ。
わが国でも、いまやエアコンなしの暮らしは想像できないほどに普及している。
新築された小さめの建売住宅でも、家の周囲にはたいがい3台の室外機が置かれているし、現場近くに最近建った大手ハウスメーカーの50坪ぐらいの広さの家では7台あった。私の自宅でも8台あったときがある。

エアコンから吹き出される冷暖の風を、涼温に感じるようにする方法について、家づくりに携わる人でなくても一度は考えたことがあるのではなかろうか。エアコンの風を和らげるアタッチメントはいろいろ売られているが、不快さを解決するのは難しい。涼温感が得られないのだ。

「床下エアコン」といって、床下にエアコンを設置する提案がある。実験をしたところ、床面積の小さい平屋ならともかくとして、二階屋ではうまくいかない。高温多湿な夏のある地方では、やるべきことではない。「涼温換気」は、地下室から3階まで無理なく涼温房にできる。

「1台のエアコンで冷暖房」という提案

1台のエアコンで全館冷暖房を実現するには、全館空調装置を入れるか、仕切りのないホール型の間取りにするか、空調室をつくってそこからダクトを用いて各部屋に冷暖気流を送風することになる。いずれもエアコンの欠点を改善するものではない。私は、それらをすべて体験してみて、センターダクト方式に優るものはないと確信した。

ダクティングは、基本的な空気搬送方法ではあるが、効率を良くするには理論とともに、いや、それ以上に大切なのは合理性を追求する施工力である。

「1台のエアコンで冷暖房」と唱えるのは簡単だが、このことを実践できる造り手は極めて少ない。

これは一朝一夕にはマスターできるものではない。大量生産販売にはまったく不向きである。良さそうだからと軽い考えで手掛けると、いずれクレームの山を築くに違いない。

「思ったほど暖かくない、涼しくない」という不満に対処するのには、科学的な知識と風量測定の技術、改善方法についての経験が絶対に必要である。

「涼温な家」は、仙台市・山形市以南の温暖地には最適であるが、日照時間の少ない寒冷地では補助暖房と組み合わせるのがベターだ。しかし、太平洋側では、四季を通じてすばらしい快適さを発揮する。これらの地域では、ルームエアコンの時代は終わったと思う。

「エアコンが1台では、故障した場合が心配」という声があるのは確かだ。そのため、アフターメンテナンスに最も優れているとされているダイキン製品をお薦めしているのだが、販売店の対応によって熱交換器が手に入らず、1か月以上も待たされたケースがあった。その後ダイキンは、部品の在庫を確保し3日以内に修繕できるようにサービス体制の強化に努めている。

ＮＨＫテレビが紹介するエアコンの使い方

２０１３年7月20日のＮＨＫテレビ番組・「週刊ニュース深読み」で、熱中症が取り上げられた。

梅雨明けが発表された7月6日以降、東京都内での熱中症による死亡者は60人となった。その内、少なくとも21人はエアコンがなかった。25人はあっても使っていなかった。

街頭インタビューでエアコンについて聞くと、「体がだるくなるから」、「冷え症だから」、「好きじゃない」、「一人だから使うのはもったいない」という意見が多かった。まとめればエアコンは「寒い」「電気代が心配」ということになる。

東京都健康長寿医療センターの野本茂樹さんが、「家にいて熱中症にならないためには、エアコンは必須のアイテム」だと断言していた。

そこでエアコンに詳しい筑波大学非常勤講師の北原博幸さんが登場され、こんなアドバイスをされた。

〈エアコンは「強風」で使う。そうすれば上と下で温度分布がついても均一になりやすくなる効果がある〉。

アパートの一室で実験したところ、「強風」運転にすると床上10センチで27・5度。天井近くで28・1度とほとんど差がなくなる。

「弱風」運転にすると、部屋の中に対流が起きず冷気は床面にたまるという結果になった。

北原さんの話のまとめである。

〈エアコン（出力2.2kw）の消費電力試算（電力中央研究所調べ）によれば、「強風」455W、「弱風」517Wと、「強風」の方が消費電力は低い。そして、エアコンからの吹き出し口の温度は「強風」が約22度に対して、「弱風」は19度と低い。

よって「弱風」で運転すると、足元に冷気が滞留するだけでなく、電気代がアップすることになり損である。

「強風」にすれば吹き出し温度が高く、「弱風」だと低いことが一般的に知られていない。エアコンの特性を理解してもらえれば、より省エネで快適な空間を得ることができる〉

番組を見ていて気になったことがある。

床と天井に温度差をなくすことは大事だが、強い気流が部屋中を駆け巡り、その音すらも気になる状態で快適さが得られるのだろうかという疑問である。

「熱中症」は防げたとしても、強風のストレスで体調を崩す人が続出しかねない。とくに、幼児や主婦やお年寄りには問題だ。

「省エネ住宅」、「スマートハウス」として飛ぶように売れている住宅での冷暖房の方法は、ほとんどが各部屋につけられたエアコンである。

奥さんがＮＨＫテレビを見て、「そうだったのか」とガッテンし、「強風」運転を心掛けたとしたら、食卓を囲んだ家族は何と言うだろう？

「賢い住宅」

エアコンによる冷暖房は同じでも、一台のダクト用エアコンを用いる「涼温な家」には、ストレスを感じるような気流がない。部屋の中にはエアコンがないので、どこで動いているのかを意識しないで済む。部屋だけではなく家の中は、一階、二階、小屋裏を問わずほとんど同じ快適空間となり、ランニングコストも安上がりである。

夏、大概の家はエアコンをかけた部屋だけが冷房になって、廊下に出れば暑く、トイレの中で汗が噴き出し、二階の部屋はどこも暑い。小屋裏は体温以上になってとても居られない。だから、大手ハウスメーカーの中には、エアコンをつける前に、まず窓を開けて熱を追い出すようにアドバイスするところもあるようだ。

省エネのためにと、風通しを薦めるメーカーもある一方で、エアコンをスマホやＡＩスピーカーで操作できることを売りにするメーカーもある。

「つながる（IoT）家」、「スマート（賢い）住宅」と称してこれから主流になるとメーカーは意気込んでいるが、そうしたからといって住み心地が良くなるものではない。「冷暖房」は「換気」との組み合わせなくしては、健康に役立たないのだ。

わが国は、技術的にはエアコン先進国でありながら、住み心地の向上に役立てる術を知らない。住み心地を究めると、エアコンの使い方はこうなるという答えが「涼温換気」なのである。

燃費、高齢化、大地震

住宅は、20年から30年先を見通して造らなければならないので、常にグローバルにアンテナを張り巡らし、工法や資材・設備などに関し、より良いものを求め続けなければならない。

東日本大震災以後に明確化したことは、設備機器類、すなわち冷暖房機・給湯機・照明器具・換気装置などに関する選択の基準の見直しである。省エネであり、かつ、地震に安全であること。

冷暖房の方法に関しては、節電が常識化し、原子力発電への依存度を年々減らしていかなければならない状況を考えると、快適は、省エネと安全性が両立したものでなければならないということである。

２０１２年９月、私はイギリスへ行って来た。その目的は、20年ほど前からお客様にお勧めしてきた蓄熱型の電気暖房がこれからも主流であるのか否かを知るためである。

イギリスで面談したＹ社は簡易型の全館空調システムを、Ｅ社もやはり換気システムとエアコンをドッキングし、ダクトは直径６㎝の太さのもので全館空調を提案していた。ダクティングがたいへんやりやすいので、アメリカやドイツ、つい最近では中国や日本の住宅会社からも引き合いが来ているそうだ。

すでにイギリスでは、蓄熱式電気暖房は、省エネに優れた全館空調に主流の座を明け渡していた。

私は、それらのシステムをつぶさに見学し、実際に体感もして、「センターダクト方式による涼温換気」の方が気候特性と日本人の皮膚感覚に適っていることを実感した。

2013年、東京の夏の平均気温がタイ・バンコクよりも高くなったという。これからは高温多湿と、多発するゲリラ豪雨による湿度の急上昇に一段と配慮した家造りをする必要がありそうだ。となると、高気密に造ることが絶対条件になるので、機械換気とエアコンのない生活は考えられない。ましてや、日本の全熱交換型換気の優秀さと、ヒートポンプエアコンの省エネ技術は世界のトップなのだから。

自然の風だとか、自然素材や通気性を当てにしたり、断熱材に「セルローズファイバー」（古新聞を粉状にしたもの）を用いれば無暖房・無冷房で暮らせて、すべてがうまくいくといったような情緒的な家造りではダメである。

1＋1＝2という科学的で合理的な方法、つまり換気と冷暖房をどのように組み合わせるかが求められる。

しかし、お客様の多くはエアコンの冷気や暖房時の風が嫌いである。その点で、直接の冷風や温風をほとんど感じない「涼温換気」はうってつけなのだ。

「涼温換気」は、必要なものだろうか、それとも必然のものだろうか？

私は、必然のものであると考えている。なぜその考えに至ったのかを語るには、三つのポイントがある。

一つは住宅の燃費、二つ目は高齢化、そして三つ目は大地震。

これからの住宅は、車と同様に燃費を競う時代になる。そして住人の高齢化は避けられない。高齢者が住む家にとって、「扱いが簡単で燃費が良く、地震に安全」は絶対的な条件だ。

また、エネルギーの自給自足が必然となる時代には、エアコン1台で快適さが得られることが、これまた必然となる。

大地震は必ず来るに違いない。住宅に用いる設備機器類の選択と施工に際しては、大地震に遭遇しても被害を最小限にとどめることができ、火災の危険がないということを条件にすることは極めて大事なことだ。

通電火災の心配がない点からも、「涼温換気」は必然なのである。

換気貯金箱

日経夕刊「こころの健康学」に、国立精神・神経医療研究センターの大野裕先生が寄せられた一文に興味が惹かれた。

「不安を感じる強さは人それぞれで、ある程度は生まれつき決まっているそうだ。米ハーバード大学のケイガン博士の研究では、生まれつき不安が強いタイプが全体の３分の１程度いた。

それは、生まれたばかりの子供の顔に扇風機で風を吹きかけたり、耳元で手をたたいて音を立てたりすると分かる。不安の強い子供は、それだけで大きく泣き出す。残りの３分の２は、そんなことは気にならないようであまり反応しない」。

私は、「生まれつき不安が強いタイプ」に属しているようだ。顔に風を吹きかけられただけで大きく泣き出したに違いないと思う。

70歳を過ぎても、扇風機の風やエアコンの気流が嫌いなのは相変わらずで、「涼温換気」にたどりつけたのはそのためだと言っても過言ではないかもしれない。

最近、女性一人で暮らす家を建てたT様は、「私は子供のころから異常なほどの寒がりでした」と言われ、「この暖かさに包まれてこれから暮らせると思うとうれしくてなりません」と、たいへん満足されこんな話をした。

「そんな私が家を建てると聞いて、兄が心配して体感ハウスにも同行してくれ、いろいろな本を読んで研究もしたようです。そして、あなたは自然素材で建て、自然換気にし、適当に窓を開けて暮らすのがいちばんよくて、松井さんが薦める家づくりはその対極にあるとアドバイスしてくれました。そもそも、一人暮らしなのにあんな大きな換気装置は必要ないだろうとも言われたのです。

でも私は、第一種全熱交換型換気の役割を理解していましたので、とても窓を開けて暮らす気にはなれなかったのです。機械は、ふだんは見ることもない小屋裏にセットされ音も静かですし、センターダクトを意識して暮らすこともないでしょう。それらは日常生活ではまったく気にならないはずです。

私は一人暮らしで働いていますから、家の中に外からの風を流すことをイメージすると、仕事をしていても防犯が気になります。寒さと暑さ、湿気、土埃を想像してしまい、どこか落ち着きません。エアコンで暖かさが得られるなら一番いいと思います。しかもタイマーで予約運転もできるとなれば、こんな楽なことはありません。風通しが悪い家は病気を呼ぶ、と冬でも窓を開けることを奨励していた父と母からは喜ばれないかもしれませんが、夏も楽しみです」、「それに・・・」と言ってＴさんは深呼吸をされ、「ああ、この空気感がなんともいえなくいいですわ」と感嘆された。

「兄が心配していた換気の電気量については、換気貯金箱を用意して１００円玉を毎日〝ありがとう〟って入れることにしました」と、満面の笑顔で言われた。

換気の電気代は、一日20円程度である。

「ウォームシェア」に思う

読売新聞夕刊で、「広がるウォームシェア節電」を取り上げていた。解説によると、「ウォームシェア」とは、人が1か所に集まって暖かさをシェアー（共有）することで家庭の節電を図る省エネ運動とのこと。

記事の締めくくりの部分を紹介する。

〈家庭のCO2排出量の内訳では、暖房は全体の14・6％を占める。冷房の2.6％の約6倍だ。東京理科大の井上隆教授（環境建築工学）らが行った意識調査によると、環境意識の高い人ほど冷房は暖房よりエネルギー消費が多いと思い込んでおり、夏場の節電に力を入れているという。井上教授は、「冷房より暖房を止め、風呂を沸かさず銭湯に行った方が、エネルギー消費は大きく減る」と話している。〉

温暖化対策としての効果はさておくとして、「暖房を止め、風呂を沸かさず

住宅展示場での光景

銭湯に行く」という言葉に、私は新婚時代を思い浮かべた。

当時、アパートには風呂がなく、まさに暖房を止めて銭湯へ通う毎日だった。女房が前髪に氷柱（つらら）ができたと言うほど寒い日もあった。帰ってくると部屋は冷え切っていて、大急ぎで石油ストーブをつけたものだ。

もう二度とあんな体験はしたくない。

ここで知っておきたいことは、「家を暖める」と「暖かな家を造る」との違いについてである。

前者は「暖房の問題」であり、後者は「家造りの方法」である。暖かな家というのは、高断熱・高気密・換気に優れていることが絶対条件で、それらが高度に満たされているなら1台のエアコンで全館暖房が可能になる。中途半端に造られた家では、人がいる部屋だけを暖めるのに、高性能な家1棟分のエネルギーを消費しかねない。「家を暖める」のは、とても無理だ。

「涼温な家」では、暖房は冷房の1.5から2倍程度のエネルギー消費で済んでしまう。夫婦二人の暮らしであっても、ウォームシェアの必要性がない。1台のエアコンで家中が暖かいので、一部屋でくっついていなくても快適に過ごせるからだ。

「寒い家　夫婦厚着で　こころ冷え」にならない家を建てることこそが、温暖化対策に有効だと私は確信している。

景気は、国民の気分の在り方に左右されるところが大であるそうだが、政府が、寒い家での「我慢の節電」を求め、「ウォームシェア」を呼びかけていたのでは先行きが思いやられる。

「窓を開けない」特需？

日経朝刊にこんな記事があった。

〈窓は開けずに気分開放

中国からの大気汚染物質「ＰＭ2.5」や黄砂の飛来、例年を上回る量の花粉の飛散が重なり、窓を開けないで室内で過ごす家庭が増えている。このため、空気清浄機や部屋干し洗剤など対策商品の売れ行きが好調だ。出荷量が前年比２倍に伸びたマスクに限らず、家電や日用品にも「窓を開けない」特需が広がっている。〉

こんな記事に接すると、「涼温な家」の合理性にあらためて感心する。

私は前著に、「これからの家はシェルターとしての性能を一段と高める必要がある」と書いたが、それは、気密性をできるだけ高めることが大切だということである。

気密性が乏しい、すなわち隙間の多い家では、強風が吹くと土埃はもちろんのことＰＭ2.5、黄砂、花粉、それに風の音までも容赦なく侵入してくる。かといって、単に高気密にしたのでは空気の質が悪化してしまう。住む人の健康のためには、24時間、機械換気によってきれいな空気を確保することが絶対に必要だ。

「涼温な家」では、外気の不都合な物質を恐れて換気を止める必要がない。外気浄化装置に高性能フィルターを用いれば、それらをほぼ１００％カットしてしまうからだ。

機械換気がしっかり行われる家では、「特需」になっている空気清浄機、部屋干し用の洗剤、空間用消臭スプレー、洗濯物ガードも不要である。このような季節はもちろんのこと、梅雨時ですら洗濯物は室内干しができるのだから。

大手ハウスメーカーは口を揃えて「これからはゼロ・エネルギー・ハウス」と連呼し、「風の抜ける家」が最高だと言っている。そんな家に住んだら、「太

陽光　貯まったお金は　医療費へ」になるに違いない。

これからは「窓を開けないで快適に健康的に暮らせる家」を建てるべきである。「涼温な家」は、窓を開けるよりも閉めておいた方がはるかに快適で、健康的に暮らせる。

「窓を開けずに気分爽快！」

ぜひ体感に来ていただきたい。

女性の直感力

契約が終わって、40代のご主人が言われた。

「妻の実家が、全館空調を売りにしている大手ハウスメーカーで建てたので、そのメーカーさんに頼もうと決めていたのですが、たまたま新宿の紀伊國屋書店で手に取ったのが〈「いい家」が欲しい。〉でした。

こういう類の本は、はなから信じてはダメと警戒しつつ読んでみたのですが、構造・断熱・換気・冷暖房の方法で住み心地が大きく左右されるという話に、なるほどと思い妻にも読むように薦めました」。

奥さんは、建ててから後悔するのは嫌だから、とにかく体感に行ってみましょうと、夏の暑い盛りに横浜体感ハウスを訪れた。玄関に一歩入った瞬間に感じたそうだ。

「何かが違う！」と。その感じは言葉ではうまく言い表せないけれど、とにかくそれまで住宅展示場のどこのメーカーでも、また、実家でも感じたことのないものだったという。

「全館空調にも、質感に違いがあるのですね。やさしさというのか、いままでも的確に表現できないのですが、私にとって、なんとも言えなくいい感じだったのです」

ご主人が満面の笑顔で言われた。

「まさに女性の直感力なのでしょう。その違いは、センターダクト換気によってもたらされるのですよね」と。

帰り際に奥さんが、「スマートハウスとか、耐震性能だとか、各社が競い合って薦めてくださることよりも、自分たちが年をとったときに何よりもありがたく感じるのは、やはり住み心地のいい家で暮らしてきたという満足感だと思います」と言われた。

ご主人も大きく頷かれていた。

住宅展示場へ行く前に

「涼温な家」にたどり着くまでのいきさつを、奥さんが笑いを交えて話してくださった。

「今の家は築30年近くになるのですが、あちこち傷みが目立ってきて、それを気にしていると屋根屋さんとか塗装の業者さんが以心伝心のようにピンポン、ピンポンとよく訪ねてきてくださるのです。

ちょこちょこいじっていても仕方がないと、思い切って建て替えを決心して住宅展示場を回って歩くことにしました。いま住んでいる家の悩みは、ヒュウヒュウと風の音が聞こえるほど隙間の多いこと、だから寒くてたまらない。暖かい家が欲しいと思って出かけたのですが、ピカピカのキッチンセットの前に立つと、そんなことはすっかり忘れてしまい、まるでもう自分の家が出来上がったような気分になって、うれしくて撫でまわし、舞い上がってしまいました。Hハウスの営業マンと気が合って、二度目の訪問を受けた時は模型を持参され、それを見て感激して一挙に契約の話にまで進んでしまいました。

主人はこのとおり無口な人ですから何も言わなかったのですが、息子が心配しましてね。なんぼなんでも話の進み具合が早過ぎていないかと言うのです。自分がいま、ある住宅本を読んでいるから、その本を読み終わるまで待っているように強く言われました」。

その後を、31歳の息子さんが引き継いで言われた。

「母親の舞い上がり方が心配になり、以前新聞の下段に小さく出ていた広告を思い出し、本屋に行って〈「いい家」が欲しい。〉を買ってきました。読みながら、母親がもらってきたハウスメーカーのカタログと照らし合わせ、構造・

断熱・換気・冷暖房の方法をチェックしていったのです。

　これは、鉄骨。これは、グラスウール。これは外断熱と言ってはいるが腑に落ちない。換気のところはほとんどが落第。住み心地を求めるなら、『涼温換気の家』に限るとわかったので両親を説得し、一緒に勉強会に参加することにしました」


　再び奥さんが話された。

「いやはや、すべてが目からうろこでした。最初に『家に何を求めますか？』と質問されたのに驚きました。それが分からないまま住宅展示場へ行ってはなりません。行けば頭の中が真っ白けになって、行き当たりばったりの営業マンのとりこになってしまいます。

　松井さんのお話は、私の心理を完璧に見抜いていたようですね。おっしゃるとおりだったのですから。

　それにしても、ハウスメーカーさんの営業はすごいです。いや、すごいなんてものではなく、恐ろしいとさえ感じました。あんな勢いで説得されたら、だれだって契約してしまいますよ」

息子さんが大きく頷く傍らで、ご主人が苦笑されていた。

「こうして契約していただけたのは、息子さんのおかげですね。このエネルギッシュなお母さんを思いとどまらせて、Ｈハウスの営業を断るのはたいへんなことだったでしょう。でも、涼温換気の家を選択したことがどれほどすばらしいことだったのか、今年の冬に皆さんが実感できますよ。お母さん、そのときは息子さんをうんと褒めてあげてくださいね」

私の一言に、部屋は笑いに包まれた。

介護がしづらい

86歳になるおばあちゃんが「いい家三部作」を読み、息子さんのお嫁さんに勉強会に参加することを頼んだそうだ。

お嫁さんの話である。

「いま住んでいる家は30年近く前に建てました。寒くて暑くて住み心地の悪い家です。私は介護の仕事をしているので、毎日いろいろな家に伺います。ほとんどの家は、お気の毒なほど住み心地が悪く、介護がしづらいのです。手すりを付けたり、段差をなくすことには補助金が出ますが、住み心地を良くすることには行政は無関心です。古い家は仕方がないのでしょうが、最近建ったばかりの家でも同じように感じることがあります。

勉強会での話をおばあちゃんに報告したところ、主人と娘夫婦も誘ってもう一度行くように強く勧められました。

他のメーカーと比べると予算を必要としますが、住み心地に対する投資は惜しむべきではないというおばあちゃんの考えで、こうして三世代住宅をお願いすることになりました」。

お引き渡しの日、私は心から感心して言った。

「それにしても、おばあちゃんのこの家がいいと決められた直観力は、すごいですね」と。

お嫁さんは「昨夜もみんなでその話で盛り上がりました」と笑われた。

建て替えの動機

Eさんは、笑いを交えながらユーモアたっぷりに話された。

「いま住んでいる家を建てるとき、すごくデザインにこだわったんですよ。屋根の形状にアールを取り入れ、外壁はイギリスから取り寄せたレンガ積みにし、窓はできるだけ大きくしてインテリアにも凝りました。

出来栄えにはたいへん満足したんですがね。住んでみて、夏の暑さと冬の寒さに毎年体を鍛え抜かれることになりました。そのおかげで、ここまでは夫婦そろって元気でやってきたのですが、70歳になってみると、これから先も鍛錬を続けるのはさすがにきつい。できることならもっと楽に過ごせる家にしたい。そう思っているときに〈「いい家」が欲しい。〉と出合って、「デザインやインテリアがどんなに素晴らしくても、住み心地が悪かったら何にもならない」と、つくづく思い知らされたのです。

それで、もう一回、家づくりにチャレンジしてみようと決心したわけです。『涼温換気の家』に大いに期待しています」。

強く、真剣に望むなら

４月20日としては、日中でも13度と外気温が低かったが、勉強会の最中、温湿度計は24度、湿度40％のまま変化しなかった。第一種全熱交換型換気を中心

とする「涼温換気システム」の効果を参加者のみなさんに感じ取っていただくには絶好の機会だった。

1年前に「いい家」をつくる会・大阪府の大成さんのところで建てられたお客様が出張のついでに参加されて、こんな話を聞かせてくださった。

〈皆さんは、「いい家三部作」を読まれて参加されていらっしゃると思います。私は建築工事に携わっていますので、家を建てるに当たっては、まず住宅本を参考にするという発想がありませんでした。

ネットでここはと思えるところから資料を送ってもらって検討を重ねたのです。その中で、カタログとしては一番見劣りがしたのですが、内容にとても惹かれたところがありました。勉強会に参加してみると、大手ハウスメーカーや他社とは違って、外観や設備やインテリアなどの自慢話は何もなく、ひたすら住み心地を良くするための家造りの方法論ばかりでした。

そこにお願いすることにしたのですが、出していただいたプランについて、風水に明るい知人がこれは最悪だと反対したのです。こんな家を建てたら神様から見放されるとも言われました。あまりに反対されたので、さすがに心配になったのですが、それ以上に心配だったのは予算です。いろいろと削っていきました。キッチンセットなどの設備は、できるだけ予算を抑えて選びました。ベランダをなくしてはどうかと提案されたのには驚きました。布団をどこで干すのですかと尋ねると、室内干しで大丈夫とのこと。「涼温換気」の合理性を理解していましたから、家族のためにもどうしても建てたかったので、半信半疑ながら提案を受け入れることにしました。

高校3年生、中学2年生、小学校5年生と3人の子供がいますから、妻としてはそこまで予算を削らなければならないなら、他に頼んではどうかと言い出しました。

立地条件として、空気のきれいなところですから換気にこだわる必要もないのではと。でも、私は妻の反対を押し切り、知人のアドバイスも無視して建てていただいたのです。

1年間住んでみて、その決断が正しかったと妻と共に実感させられる毎日です。本当にベランダは不要でした。妻は、布団を干す必要を感じなくなったことに感動しただけでなく、化粧ののりがよくなったことでも大変喜んでいます。実家と違って、床下にも小屋裏にも一切外からの埃が入ってきませんし、子供がインフルエンザに罹った時も誰にも感染しませんでした。

「逆転の発想」と言われる「換気経路」のおかげだと納得できました。風水では、最悪とされた間取りですが、家族みんなが使い勝手がよいと喜んでいますし、私はセンターダクトを大黒柱だと思っています。暖かさ、涼しさ、空気の気持ちよさを一家に恵んでくれるのですから。外気浄化装置のフィルターを取り換えるのは私の役割と決めて楽しんでやっています。

1か月に1度ですが、結構汚れています。外気の汚れ具合は、景色からは判断できないものです。きれいな空気のように見えても、想像以上に汚れているのですね。

「涼温な家」に住むようになって、それまで以上に家族の会話と笑顔が増えたことは確かです。

私の子供のころは、親から「涼しいうちに勉強しなさい」とよく言われたのですが、「涼温な家」では、子供がその気になった時にはいつでも最高のコンディションで机に向かうことができるようで勉強する機会が増えました。

仕事柄、予算をふんだんにかけたと思われる家を訪ねる機会がありますが、住み心地ではわが家が勝っていることでしょう。空気の気持ち良さが断然違いますから。

私のように予算が乏しくても、強く、真剣に望むなら願いは叶えていただけるのですね。そんなすばらしい会員さんがいらっしゃることを、松井さんにお

伝えしたくてやってきました。〉

耳触りの良い提案

〈「涼温の住まい」自然の気流を生かす〉濱口和博、濱口玲子著／発行：彰国社という本を読んだ。要約するとこんな内容である。

電力などの人工エネルギーに頼らなくても快適に暮らせる住宅を造れる。それには、中気密・高断熱でつくることだ。適当に隙間がある方がよい。そうすれば、おだやかな涼温空間が得られる。風や日射しを上手に取り込む住まいづくりこそがエコ住宅なのだ。いまはやりの高断熱・高気密住宅はエコ住宅ではない。古人の教えに習い、自然をよく観察して自然から学び、自然と同居する住まいこそ、日本の風土に適した解決策である。

一方、住友林業は「夏の涼のつくり方」を教えてくれている。

「涼しい風をたっぷりとり入れ、室内にたまった熱を外へ逃がす。夏涼しい家に必要なのは、そんな風の流れをつくること。風を感じると、人の体感温度は下がります。また、風を通せば、家の中の家電製品や照明器具、そして人などが発する熱を外に追い出すこともできます。風をとおす。それが涼しさをつくるコツです」と。

そのためには「風を見つける。風をねらう。風をとおす」ことが大切だと。

そうであろうか？

現代の都市部に建つ住宅において、風を「見つけ、ねらい、とおす」ことは至難の業であろう。そうそう都合が良い風があるのだろうか？あったにしても、その風は不都合なもの、特に湿気を含んでいないと言えるのだろうか？

無垢の木と漆喰で建てれば湿気を吸放出してくれると夢物語を語る造り手がいるが、湿気を吸収するとにおいも吸収し、やがては嫌なにおいを放出するようになる。ましてや自然換気に頼るとなると、湿気や土埃や花粉などの不都合なものの侵入をどのように防ぐというのだろうか？

「高気密」は科学であり、高度な技術である。わが国での取り組みは、30年ほど前に始まったばかりであり、古人には考えもつかなかったし、経験もなかった。

前にも述べたが「高気密」と「高断熱」は、1＋1＝2の世界のものであり、住み心地を良くするための絶対条件である。「中気密」・「高断熱」を数式化すると0.5＋1＝1.5となればいいのだが、住み心地という価値では、0×1＝0となる。すなわち、「中気密」であっては、高断熱にする意味がなくなってしまう。「高断熱・高気密」は、車の両輪のようなものなので、どちらかが適当でよいというわけにはいかないのだ。

「省エネのためには風抜けを大事にして、エアコンをなるべく使わないようにするといい」、「自然の気流を流す」、「風の抜ける家」などと言えば、たいへん耳触りが良いが、これほど無責任で非科学的な提案はない。湿気と臭いの悩み、大気汚染、騒音、防犯の心配のない健康維持・増進に役立つ快適な住まいを造るには、「高気密」にして「第一種全熱交換型換気」を用いるのが最善である。

湿度、とりわけ絶対湿度を無視しては、住み心地の良い家は造れない。だから、「中気密」という提案はあり得ない。

無垢の木や漆喰などの自然素材をふんだんに用い、風通しを重視した昔の家が、住み心地という点ではどうであったか、思い出すと納得できるはずだ。

涼温換気リフォーム

中古住宅を購入されたUさんから、「涼温換気リフォーム」契約をいただいた。

自社で建てた中古住宅を「涼温換気」にリフォームすることは手慣れているが、他社が20年も前に建てた「内断熱」で、しかも気密性能には無頓着な家を引き受けるには相当の覚悟が要った。

設計担当が、既存住宅の現在の性能を説明し、外断熱改修することで断熱性能と耐震性能がどれぐらい向上するか、冷暖房の効率がどれぐらい良くなるのか、換気経路をどうするかなどを図面や計算書に基づいて丁寧に説明した。

気密レベルを改善しないで、断熱性能だけを良くしても意味がない。もちろん、窓はすべて断熱サッシに付け替える。C値（相当隙間面積）は、1.2㎠／㎡以下を目指す。新築住宅の国の基準が5㎠／㎡なのだからすごい性能アップだ。

このレベルなら、第一種全熱交換型換気の効果が発揮されるし、1台のエアコンで全館を涼温房できるようになる。

Uさんは、「久保田さんの本と出合えて本当にラッキーでした。このような家になれば、母もきっと喜んで住んでくれることでしょう」と、たいへん期待されていた。

そして、「リフォームでこんなにも性能をよくできるとは、思ってもみませんでした」と感心された。すると設計士が、「すべてのリフォームがこうなるわけではありません。地盤、基礎、構造がしっかりした建物ですから、つまり

Ｕさんの選択が良かったからということです」と言った。

Ｕさんは契約後、こんな話をされた。

「私はヨガスクールを開催している関係で、『健康』について研究しています。人が体に取り入れる『食』と『水』には人一倍関心があり、常に気を配って生徒さんたちにもいいものを薦めているのですが、最も大切なもの、つまり『空気』のことでは、いつも悩んでいました。どんなに食と水に気を配っても空気が汚染されていては、なんにもならないのですから。だから、空気を大切に考えるという家づくりを知った時には、これだと直感しました。

リフォームする家には、89歳になる母が一緒に住みます。母と暮らす終の棲家として理想的な家に巡り合えたようで嬉しくてなりません」。

暑さを不快に感じる最大の原因は

「毎晩よく眠れません」

「うちも同じですよ。布団は干さないと湿っぽくて気持ち悪い。干せば熱くて寝苦しくてたまりません。こうなると悪循環です」。

勉強会でお客様方は暑さの悩みについて、意気投合されて語り合われていたがその内容は深刻だった。

「無垢の木と漆喰で造れば解決するという人もいます」

「『涼温な家』のようにおおげさな機械換気に頼るのはよくない。あれでは停電した場合、最悪になりますよ」、と大手ハウスメーカーの営業マンに言われたと話される人もいらした。

体感ハウスにご案内して、絶対湿度を測れる測定器で内外の状況をご説明した。

「暑さを不快に感じる最大の原因は、絶対湿度が高いからです。はかってみましたら外は18グラム、それに比べて中は11グラムです。もし、高気密に造っていないと、外の湿気が中と平衡状態になるまでどんどん家の中に侵入してきてしまいます。冬の乾燥時には、中の湿気が外に出て行ってしまいますから中は乾燥がひどくなります。

それらの悩みを解決できるのは、高気密という技術です。高気密にするからには、機械換気がないことには空気の入れ替えができません。高気密と機械換気は、高気密と高断熱が車の両輪であるのと同じ関係にあります。ここが、一般的に理解されていないし、ハウスメーカーは知って知らないふりをしているのです。住宅展示場で、この関係について教えてくれるメーカーはごく少ないでしょう。

自然素材は、空気の入れ替えはやってはくれません。自然換気では、湿気問題を解決できないのです。自然素材を使えば、機械換気は要らないと言うとしたら、科学の否定です。停電したら・・・、その時は窓を開けることです」

若い主婦の方と、高齢のご夫妻が「納得できました。何よりも、この家の空気の感じが気に入りました。こんな家に住みたいと思います」と笑顔で言われた。

夕方、体感ハウスの一帯ににわか雨が降った。

ものの5分程度で止んだが、辺り一面にカビ臭い生暖かな空気が漂った。通気工法、「風の抜ける家」にとって最悪の状況だ。

お客様が帰られた後で測定してみたら、外の相対湿度は93％、温度30度、絶対湿度25・2ｇへと急上昇していた。内部は、相対湿度59％、温度26度、絶対湿度12・4ｇという別世界の快適さだった。

「におい」の悩み

読売新聞の「人生案内」に、夫婦二人暮らしをしている妻が、定年退職した60代の夫の加齢臭の悩みについて相談を寄せていた。このところのように、高温多湿な日が続くと、奥さんの悩みは深刻さを増していることだろう。

回答者は精神科医の野村総一郎さんである。

「むむっ。加齢臭問題・・・。これは近頃何かと話題を集めていますよね。社会問題というと大げさですけれど、中高年男性の最大関心事の一つかも」という書き出しだ。

野村さんは、「もともと優しいご主人が（臭いと指摘されると）キレるなんてよほどのこと。これはプライドを傷つけられるためではないでしょうか？〝くさい〟〝くさい〟としょっちゅう言われたのでは、やはり傷つく。男はこういうことにナイーブなのです」と、ご主人の心の内を奥さんに分からせつつも、これだという解決策は提示できなかった。

私の女房もこの相談者と同様に、枕カバーを取り換えに部屋に入ってくると、たまに「臭い」と言っていた。それが、換気経路が逆転した「センターダクト換気」にしてからは、まったく言わなくなった。

「最近、においが気にならなくなったわね。若返ったのかしら?」

このセリフには吹き出してしまった。

実は、女房の寝室には、以前は愛犬のにおいがあった。「臭い」と指摘すると、彼女は「臭くない」と言い張っていた。明らかに、愛情がにおいを鈍感にさせていたのだ。

においの専門家に言わせると「臭気が存在してもその人が不快感や嫌悪感を覚えなければ悪臭にならない」のだそうだ。

いや待てよ。であるとすると、私の部屋で彼女が「におい」を嫌がっていたのは、私への愛が薄らいでいた証ではなかったのだろうか?

いずれにせよ、「におい」の悩みは、「涼温換気」で薄らぐことだけは確かである。

70歳過ぎて建て替える

上棟の挨拶で、ご主人はこんな話をされた。

「私は、すでに70歳を過ぎています。70歳を過ぎてから家を建てるということは、体力的にも、精神的にも、経済的にも不安であり、相当迷いました。その不安を打ち消してくれたのが、松井さんが書かれた〈「いい家」が欲しい。〉でした。

本を読んで勇気が湧いてきて、余生はこういう家で暮らしたいと強く思いました。今から夫婦共々、『涼温な家』の住み心地が楽しみでなりません」。

70歳過ぎてから、建て替えられる方は決して少なくはない。80歳過ぎて決断された方も3組ほどいらした。83歳になる方が言われた言葉が忘れられない。

「子供や孫たちには、お金よりも住み心地の良い家を遺してやりたい。自分たち夫婦にとって大事なのは、住む期間ではなく、そのような家で暮らせたという満足感です」と。

日当たりが悪く、風抜けも悪い土地

３軒隣に建つＮ邸を見やりながら、Ｓさんは言われた。

「この土地は35年前に購入しました。

車の交通量がたいへん多い街道に近い割には静かでしょう。

駅にも近いし気に入っているのですが、建て替えた家を子供たちに引継ぐには問題があると悩んでいました。それは、ご覧のように日当たりが悪いことと、風通しが悪いということです。

Ｎさんが新築しているときには、毎日のように見させていただいていました。お引越しをされて１年近く過ぎた頃に、Ｎさんに住み心地を尋ねてみました。すると、Ｎさんがこの家は『涼温換気』といって、住宅展示場では見られない特別なシステムが働いている。その効果がすばらしく、住み心地が想像していたよりはるかにいいと言われ、空気の自慢をされたのです。

空気と言われハッと気づいたのですが、街道の車の交通量を考えれば外気は相当に汚れているはずだと。その外気を浄化する装置があって、冷暖房まで換気と一緒にやってくれるとしたら、これはすごいアイディアだ。

そこで、さっそく勉強会に参加させていただいたのでした。すると分かったことは、日当たりはあるに越したことはないが、なくても家中を暖かくできるし、夏はむしろない方がいい。風通しが悪くても、住み心地には無関係と知ったのです。

こういう家なら、子供たちどころか孫たちも喜こんで引継いでくれるに違いない、そう確信しました。

楽しみです。一日も早く住みたいです」。

傍らでその話を聞いていた息子さんと娘さんが、笑顔で大きく頷かれていた。

夫婦円満寝室とは

テレビで、最近、夫婦別寝が増えていることに対して、住宅メーカーでは

「夫婦円満寝室」の提案をしていることが放映されていた。

日本では、ある調査によると別寝の夫婦は45%もいるとのこと。この結果について、外国人にインタビューをすると一様に驚いて、「信じられない。なぜ、別々に寝るのか理由を聞きたい。夫婦は同じベッドで寝るべきだ」という返事が返ってきた。

アメリカでも夫婦別寝は14%ほどあるそうだが、そうすると日本はとても多いことになる。

別々に寝る理由の第1位は、相手のいびき・歯ぎしり・寝言がうるさくて眠れないから。第2位は就寝時間の違い。第3位はエアコン問題、つまり設定温度の好みで意見が対立するからだそうだ。

このうち、エアコンの問題は解決可能である。

そこで積水ハウスの提案が紹介された。それは、ベッドの上の天井に縦長の吹き出し口を設けて、夫婦が別々に好きな温度に設定できるというものだった。

横浜体感ハウス

すごい提案をするものだ。私のような気流過敏の者は、それを見ただけで眠れなくなってしまうと思った。真上から吹き降ろされる気流が気にならない人なら、いびきも歯ぎしりも寝言も気にはならないだろう。気になると言えば、加齢臭をあげる女性もいる。

番組は、そこには気付いていなかったが、前にも書いたように、においも眠りを妨げる原因になることは間違いない。

私は以前から夫婦別寝を提案していて、横浜体感ハウスはそのためのモデル棟でもある。寝る前に夫婦が会話をしたり、趣味を楽しめる部屋を真ん中にして、左右に寝室を分けている。「涼温な家」では、家中どこにも快適差がないので、ドアを設ける必要がない。夫婦は、適当に離れて互いの気配を感じながら安心して眠ることができる。

この体感ハウスと我が家は、「夫婦別寝」を取り上げたNHKテレビ「夕どきネット」で紹介されたことがある。

夫婦が一緒に寝る場合であっても別寝を望まれるにしろ、「涼温な家」の寝心地は最高である。

住人としての役割

お引き渡しに当たって、大学生の長男と、高校生の二人の娘さんにこんな話をした。

「涼温な家」では、みなさんに二つの協力をしてもらいたいのです。

一つは、窓の管理です。

二つは、掃除です。

今日は日差しがさんさんと入ってきています。冬はこの太陽の熱を取得すればしただけ暖房費が安上がりになります。しかし、夏に同じことをしたのでは、冷房費が高くなってしまいます。それだけではありません。蓄えられた熱が家中に影響し、冷房エネルギーを増大しないことには快適にならなくなってしまうのです。わざわざ費用を割り増しにして快適のレベルを下げたのでは損です。

掃除についてですが、この家の住人として心がけてもらいたいことがあります。

それは、換気装置、とくに空気浄化装置のフィルターの掃除です。

花粉や、土埃を吸い込まなくて済むのですから月に１度は、必ずやってください。驚くばかりに汚れるものです。

ご両親は、あなた方に健康増進に役立つ、住み心地の良い家に住んで欲しくて、この家を建てられたのですから、その選択を最高の喜びとできるか否かは、あなた方の理解と協力にかかっています。

「ガッテンしてもらえましたか？」

娘さんたちはすぐにガッテンしたが長男は無反応だった。ややしばらく間をおいて彼は微かに頷いた。

「30年後あなたはいくつになっていますか？」

いきなりの質問に、彼の眼が宙をさまよった。

傍らでお母さんが、

「今のお父さんと同じ年だわ」と言った。

「そうですか。その年になったとき、あなたはご両親の選択にきっと感謝しているでしょう」

反発気味だった彼の表情が和らぎ、今度は素直に大きく頷いてくれた。

コーヒー一杯分の暖房費

東京都目黒区で、「涼温な家」を建てたMさんから、手紙をいただいた。奥さん、小学3年生の長男、幼稚園児の長女との４人家族。Mさんは、インターネットを駆使して家づくりの情報をいろいろと集めていたところ、ii-ie.comで「涼温換気の家」に興味を惹かれ、勉強会に参加し、一家で体感して建てることを決断したという。

〈昨年6月に引越し、梅雨の一時期と夏を快適に過ごし、いま真冬を体感中です。エアコンの消費電力量は、7月・8月の平均が約１８０ｋｗｈ、電気代に直すと月額約４５００円、冬が約２５０ｋｗｈ、月額６２５０円程度で収まっています。以前の住まいの3分の1程度で、３階建ての家中がどこに行っても同じように快適です。暖房費が日割りにするとスターバックスのコーヒー一杯分にもならないことに驚きました。

それ以上に感動したのは、空気の気持ち良さです。玄関に入った瞬間、深呼吸をして思わず笑顔になります。

子供たちは、家に帰ってくると素足で走り回っています。

1階の北向きにある私の書斎の暖かさが心配でしたが、申し分なく、薄着で何時間居ても寒く感じたことはありません。

ありがたいことは、マンションにいた時は鼻炎に悩まされていた長男の症状が治ったことです。予算的に無理かなとだいぶ迷ったのですが、家族の健康への投資だと考えて決断しました。健康寿命を1年でも伸ばすというようなことは、私たちの年齢ではピンときませんが、妻と子供たちが健康に暮らせるという安心感は、働く意欲を旺盛にしてくれます。

外気浄化装置のふたが透明になっているので、子供たちでも汚れ具合が一目で分かります。「パパ、すごく汚れているよ」と教えられ取り換えに行くのですが、東京の外気の汚れ具合には毎回ぞっとさせられます。フィルターは、すすのようなもので真っ黒です。長男がフィルターの取り換え作業をやってみたいと言うので、この前やらせてみたところ、「こんな汚い空気を吸っていたら、病気になるよね」と、驚いていました。

小学生でも、換気の大切さを理解できるこの家は、素晴らしいと思います。

妻は、マンションで暮らしていたころと比べ、体調が格段と良くなってきたと喜んでいます。

妻の笑顔が増えた分、間違いなく家庭は明るくなり会話が弾み、仕事の疲れもスーッとなくなるような気がします。「建てて良かったね」、これが私たち家族の合言葉になりました。

「涼温な家」にたどり着けたのは、本当にラッキーでした。〉

加湿の問題

「涼温換気」は「除湿」はできるが、「加湿」は住人の判断と工夫に委ねられている。家の広さ、家族数、住まい方、肌の状態によって異なるが、基本的に太平洋側の地域では必要である。

室内干しをするとか、浴室のドアを開けたままにするなど工夫はあるが、いちばん確実なのは、適当な加湿器を各階の「センターダクト」の吹き出し口の近くに置くことだ。「センターダクト換気」の排気の力で、湿気が放射状に拡散する。それでも不足と感じたら、必要な部屋で必要なだけ加湿をするといい。この場合、とくに寝室で用いるには加熱式にするか気化式にするかの選択が大事である。いずれを用いるにしても、相対湿度が五〇％を超えるような加湿をするのは好ましくない。四〇％前後がいい。

システムに加湿機能を組み込むと、衛生的、かつ簡易に、嫌なにおいを発生させることなく維持管理することがたいへん難しい。換気と冷暖房を組み合わせる場合、加湿機能だけは除外しておく方が住む側、造る側双方にとって賢明である。ハウスメーカーが提案する全館空調の中には、加湿も可能とＰＲしているところもあるが危険な選択だ。

加湿器はどんなタイプのものであれ、一週間に一度は掃除をするのが望ましい。ドイツ製の「ベンタ」や「ダイソン」は、一ヶ月に一回で済むが値段が高い。

掃除を厄介で面倒なことと感じるか、健康のために必要なこととして行うかによって、この時期の住み心地は左右されかねない。とにかく、いまのところは掃除不要の加湿器は見当たらない。

掃除を怠ると、気化式加湿器はカビや雑菌が発生し、嫌なにおいがするようになり加湿能力も低下する。加熱式は、水道水のカルキが釜に付着する。加湿能力が高く、暖房にも役立つが、電気代が気化式の約10倍かかる。超音波式は、レジオネラ菌が発生する恐れがあるとされている。自然気化式であっても掃除が必要だ。私は、ダイニチのハイブリッド型（加熱・気化式）を愛用していて、フィルターを早目に交換することを心掛けている。

冬をより快適に住まうには、加湿に対する住人の理解と協力が必要である。

終章　家に何を求めるのか？

「涼温な家」づくりの原点

上棟式の挨拶で、施主の53歳になられる女性がこう話されました。

「ここには両親が建てた家がありました。私が幼いころから家族と共に過ごした思い出がたくさん詰まった家です。建て替えるのには躊躇する思いがありました。5年前に父を失い、3年前に母が亡くなり、その年の冬は心身ともにひとしお寒く感じたのです。一人になった寂しさもあったのでしょう。このまま寒さに耐えながら生きていくのは辛すぎる。これからの人生は、なんとしても暖かい家で暮らしたいと思い、建て替えを決断しました。『涼温な家』は、きっと私を励まし支えていってくれることでしょう」。

私は、とても感動しました。

というのは、70歳を過ぎた頃から、ふと、連れ合いに先立たれ愛犬もいなくなって一人で暮らす自分の姿を想像することが増えたからです。

この方の願いは、私の願いでもあったのです。

終の棲家は、なんとしても暖かな家にしたい。寒い家、蒸し暑い家、カビ臭く、魚の焼くにおいがいつまでも消えない家には住みたくない。これらの思いが、「涼温な家」づくりの原点なのです。

好みの暖かさと涼しさが感じられ、空気が気持ちよい家に住むと気分が高揚します。そのような家には、老若男女を問わず心を癒し楽しませてくれる力が宿っているのだと思います。

ところがこれとは反対に、寒くて暑くて、かび臭くて、陰気くさい家もあります。そんな家に住んでいると、眉間にしわが寄ってばかりで気持ちが暗くなり、愚痴が増え、何事にも消極的になり、体調を崩しやすくなるものです。
「涼温な家」は、みなさんにとって生活の喜びとなり、老後一番の頼りとなるでしょう。お年寄りが元気になったと、具体的な行動の様子を添えて報告してくださるお客様が増えています。

これから家を建てる人は、老後を想像し、家と自分との関係、言い換えますと「家に何を求めるのか」を真剣に考えるべきです。近い将来、一人暮らしの世帯は、全世帯の40%近くにもなると推定されているのですから。

老後を支えてくれる一番確かなもの

65歳以上の人口は、すでに3000万人を超えていて、2025年には実に国民の3人に1人が高齢者になることがはっきりしてきています。

これから建てる家の必須のテーマは、「老後を支えてくれる一番確かなもの」としての住まいづくりです。

求めるべきは、家中どこにも快適差がなく、脳と身体が喜び活性化する家です。そのためには、エアコンの風をストレスと感じないことが絶対条件です。このことは、「涼温な家」に住まわれて、エアコンの風を意識しない暮らしをしてみると痛感されることでしょう。

老化は、何がしかの痛みを伴いがちです。痛みには、冷えと風はつらいものです。

だからといって、こたつは使わないことです。こたつで背中を丸める暮らしをしてはなりません。心身の老化が速まります。トイレに立ったとき、布団や物につまずいて倒れ、骨折する人はたいへん多いのです。

物忘れもまたいい運動の機会だと思うことです。探しに行くのを億劫に感じるのは、快適差を思うからです。家中が快適ならば、探し歩くことも気軽にできるようになります。こたつをなくして椅子にすると、高齢者の動きは、そうでない家での暮らしと比べて数十倍も活発になるという報告もあります。

こたつをありがたく感じ、寒くて、暑くてトイレに行くのを億劫がらせるような家、空気がよどみ、臭いが気になる家は間違いなく心身ともに老化を速め、健康寿命を短くすることでしょう。

「住み心地」の真価

老人ホームや病院ではなく、住み慣れた自分の家で、日々快適な住み心地を楽しみながら余生を送りたいものです。

ここで、「涼温な家」にリフォームされた三人の方の感想をご紹介します。住み心地の真価は、リフォームされた方が一番よく分かるからです。

まず最初に、2013年に「ソーラーサーキットの家（通気工法）」をリフォームされた横浜市に住まわれているIさんです。

〈3・11の後で、節電が常識とされるようになり、コンビニの看板、自動販売機の明かり、各家庭のポーチライトも消され、まるで戦時中と同じような光景が当然のようになりました。

私の家は道路の行き止まりにありますから、両側の家々が明かりを消してしまうと、家に帰る気持ちが暗くなってしまうのです。女房に先立たれてから、電気代を私が負担してもいいから、明かりをつけてくださいとみなさんにお願いしたいと思ったことがあります。

この年で独り暮らしをしていると、家の中を明るくしておきたいのです。病は気からと言います。気が滅入ってしまうことは、なるべく避けたい。何でもいいから、気持ちが明るくなるようにしたいと思います。

しかし、新聞を見ると平成25年10月に制定された「改正省エネルギー基準」は、一次エネルギーの削減をもっと徹底するように求めているのです。玄関の明かりが消えた光景がこれからも続くのかと思うと、うんざりです。

まさか、24時間換気装置を止めろとは求めないでしょうね？

私は、多少エネルギーを余分にかけても、空気が気持ちいい方が得をすると思います。土埃も入ってきません。ということは花粉もそうですよね。私はひどいアレルギーだったのですが、今年は家の中にいる限りは忘れています。

女房がいなくなってから、第三種換気はなんとかならないものかと考えるようになりました。換気のためとはいえ、給気口から侵入する冷気を不快に感じていたのです。それに、夏には暑さも湿気も入ってきてしまいます。ちょっと風が強いと、周りの畑の土埃も入ってきますし、風切り音も気になります。それに、湿気がどうしても給気口から入ってきてしまいます。

私は松井さんのブログをいつも楽しみに拝見していましたので、「涼温換気」が紹介された時、「ああ、これはいい！」と直感しました。ソーラーサーキットの換気や床下ダンパーの問題を見事に解決して、しかも外から取り込む空気は浄化され、全熱交換されてから部屋に入り、なおかつ、換気経路が逆転すれば猫の臭いも気にならなくなるだろうと合点がいきました。日頃感じている問題点が見事に解消されるわけです。さすが松井さんも問題点に気づかれていたのだと、うれしかったです。

実際、『涼温換気』にリフォームしてみて、期待した以上に素晴らしく住み心地が向上しました。まず何よりも変わったのは、玄関を入った瞬間に感じていた猫のにおいが気にならなくなったことです。空気感が様変わりしました。冷暖房費は半分以下となり、家の中はどこにいても気持ちよく感じるようになりました。

ということは、涼温換気にして住み心地が良くなり、省エネルギーで経済的にも得をしたということになります。夏には、エアコンの風を受けないで、かつてなかった涼しさを満喫しました。

エアコンの風が嫌いだった女房に住まわせてやりたかったとつくづく思います。女房の代わりに愛猫が住み心地の良さにすっかり満足しているようです。留守中にも、タイマー運転で家中を涼温にしておいてくれるなんて、医者通いの人や独り暮らしにはありがたい家ですね。〉

「もし、ご自分が要介護というようなことになったときにはどうされたいですか？」とお尋ねすると、Ｉさんは少し考えてから答えられました。

「医療体制に不安がなければ家で過ごしたいです。国の方針として、介護保険ではできない在宅サービスをこれから充実するようですから、子供たちは二人とも独立していますし、財産を残す必要もないので、できるかぎり気に入っているこの家でハッピーエイジングを楽しみたいですね。

涼温換気にしてから、家に帰るのが楽しみになりました。ワクワクするのです。玄関を入って一呼吸するとき、なんとも言えない安らぎに包まれます。女房もさぞかし安心して、喜んでくれているでしょう」。

快適調理人

次にご紹介するのは、神奈川県大和市のＫさんです。２００９年７月に「新換気の家」を建てられ、２０１２年に「涼温換気」にリフォームされたのですが、こんなメールをくださいました。

「涼温換気」にしてみて感じたこと

昨年の年末に「新換気システム」を「涼温換気」にしていただきました。

わが家は一階と二階を合わせて46坪で、西側の親世帯を少し広くした縦割りの二世帯住宅です。

以前は、換気装置がそれぞれの世帯の小屋裏にありましたが親世帯のものは撤去し、私の世帯（以後子世帯と表記）のを大型のタイプに代え、ダクト用エアコンを一台組み合わせたわけです。

涼温換気の良い点は、私が職業としている料理と同じで、快適の味加減を自分の判断、家族の好みに合わせられる点です。お日様が得られる日には出力を調整し、雪が舞う日や、寒気が入り気温が低い日にはエアコンを出力70%（3.5kw）で連続運転します。

一度暖かくなると、その後は温度を維持するのが簡単です。私のイメージですが、外断熱に使用しているポリスチレン断熱材が暖かさを跳ね返し、その内側にあるＴＩＰの杉板や構造材に蓄熱されて保温力が発揮される感じがよく分かるのです。

床下にも暖気が吹き出しているおかげで、床下の温度が以前より数度高くなりました。最近は昼間の気温が高い日が多いので、エアコンの出力を40％（1.8kw）にし、スケジュールタイマーを活用して、午前10時から午後5時まで運転を停止しています。

その間、室温が1度ほど下がりますが、再びエアコンが動き出すと1時間もあれば家全体が十分暖かくなってきます。

これまでやってきた蓄熱暖房器との違いですが、同じ室温でも暖かく感じます。全身が暖かさに包まれる、ような感じです。以前は、風呂から出るとちょっと寒かったのですが、涼温換気にしてからは感じなくなりました。

それと、夕方から夜にかけて蓄熱暖房器だと室温が少し下がり気味でしたが、涼温換気ですとそのようなことがなく、さらに快適になり、夕食を食べた後の家族団欒がより一層楽しくなりました。

あたたかくきれいな空気に全身が包まれる感じは素晴らしいです。ランニングで痛めた膝がとても楽になり、心と体が共にリフレッシュされる気がしています。大好きなオーディオですが、音がほぐれてきてしなやかさが増し、朗々としてスピード感溢れる音が出るようになりました。

このように冬に関しては、「涼温換気」は申し分のない性能を発揮しているだけに、いまから夏の来るのが楽しみでなりません。何よりもありがたく感じるのは、父が他界して以来元気を失っていた母が、笑顔を取り戻したことです。食事を一緒にするたびに、「この家は過ごしやすくていいね。ぐっすり眠れるようになったよ」と喜んでいます。

住み心地が良くなり、節電にもなるのですから、涼温換気はすばらしいと思います。工事を実行していただいた皆様に心から感謝を申し上げます。

Kさんは夏を過ごされ、10月の半ばに再び住み心地の感想をメールしてくださった。

猛暑がようやく去ったかと思ったのですが、なんと、秋の気配がするはずの10月にも記録的な猛暑が続きました。職場では同僚たちが「昨夜も暑くてよく眠れなかった」という愚痴が挨拶代わりになっていましたが、私は熟睡の連続でした。

「涼温換気」は、期待以上にすばらしい活躍をしてくれています。熱帯夜が続いてもわが家では、ＣＤエアコンを1.8kwの出力で動かせると暑さ知らずで家族みんなが熟睡できました。

昼間は窓からの熱の侵入を極力防いで、蓄冷・保冷を心掛けました。

換気のフィルターの汚れ具合を見るたびに、ただ暖かい、涼しいというだけでなくて空気が気持ち良いことが、家族の健康にどれほど役立つかを思い知らされています。

アトピーで喘息気味だった二人の子供たちは、すっかり元気になりました。

私は、「快適調理人」だと自負しているのですが、最近では妻もすっかり慣れてきて、「快適調理」が楽しくなったと言っています。高齢の母親も、この家は暑さ寒さにいじめられないで済むと、「涼温換気」へのリフォームを喜んでくれています。

期待以上の住み心地

最後は、前章でご紹介した横浜市に中古住宅を購入され、「涼温な家」へとリフォームをされたUさんからのお手紙です。

〈新居に住み始めて2ヶ月が経ちましたが、住み心地にとっても満足しています。

札幌に住んで43年。東京生まれで90歳に近い母との二人暮らし、北国での冬の生活はとても厳しく、終の棲家は故郷に得たいといつも考えていました。その願いがようやく叶って、弟の会社のすぐ近くに中古住宅を手に入れることが出来ました。

そこでリフォームをしてくださるところを探すことになりました。

私は、札幌で30数年健康にかかわる仕事に従事してきていました。

食生活の改善、身体の鍛え方などは日頃から実践してきていましたが、あと一つ大いに気になっていたのは毎日吸う空気の問題だったのです。終の棲家は、空気のきれいな家にしたいというのが最大の望みでした。

これはと思う工務店に相談すると、首をひねるばかり。大手ハウスメーカーでは、新築ならともかく、リフォームで換気をとやかく言う客はいませんよと軽く扱われる始末で、どうしたらよいものか悩んでいました。

5月、思いあぐねていた時に、日経新聞の広告に久保田さんの著書「さらに『いい家』を求めて」が載っていました。今思い返しても不思議としか言いようのない力に導かれてご本を購入しました。

読み終わって、いや読んでいる途中にも強い衝撃が走り、「いい家三部作」を一気読みしたのです。

勉強会に参加し、説明を受け、体感してみてその場でこれしかないと決断したのでした。

さて、実際に住んでみての感想をお話しします。嬉しかったことは、引っ越して3日目に気付いたのですが、化粧ののりぐあいがとてもよくなり、ハンドクリームの使用頻度が明らかに少なくなったことです。最近では、風呂上がりの肌の湯のはじき方が、若返ったかのようになってきています。

アレルギーがひどい姪が泊りに来て言うには、いつも気の毒なほどグシュグシュしている鼻水が夜中にほとんど出なかったそうです。喘息の持病がある友人が泊まった時も、いつもの発作が出ずに呼吸がとても楽だったとのこと。

そして、私のことですが、ドライアイでちょくちょく目が真っ赤になるのに、この家に住むようになってからほとんどならなくなりました。

私は、月のうち10日は横浜、20日は札幌の家で生活をしていますが、目の赤くなる頻度が格段に違うのに驚かされています。私の眼は、空気中のゴミに反応しやすいとお医者さんから言われてから、床を雑巾で拭くように心掛けているのですが、横浜の家と札幌の家とでは雑巾をバケツで洗った水の汚れ具合がまるで違います。横浜の家では水が汚れないのです。それを見るたびに換気の違いに驚いています。札幌の家は第三種換気ですから、直接外の空気が入ってきます。

この家のあたたかさと空気のきれいさに、毎日母と一緒に「よかったね」と言い合って喜んで暮らしています。皆様との出会いに心から感謝しています。耐震性も改善していただき、期待以上の住み心地が得られて、余生をこの家で安心して、楽しく健康で暮らしていけると思うと幸せでなりません。

本当にありがとうございました。〉

家に何を求めるのか？

これからは在宅介護が当たり前になる時代です。冬の寒い夜に、介護される人だけでなく、介護する人も夜中に何回も起きることがあるでしょう。そのときに、パジャマのまま、靴下を履かなくても起き上がり、用事が済んだら熟睡できる家とそうでない家とでは、生涯の精神的、肉体的、経済的負担はたいへんな違いをもたらすはずです。

夏も冬もエアコンの風に悩まされることなく、暑さ寒さ知らず、梅雨時にはカビ臭くなく、室内干しができる。換気の効果が確かで、排尿・排便や老人臭がさして気にならないとなれば、介護する人もされる人もともに楽になるでしょう。

どんなに間取りがよくて、デザインやインテリアがすてきで、設備が豪華で、ゼロエネルギーで暮らせるとしても、エアコンの風を我慢し、臭いが家中に拡散してしまうような暮らしはストレスとなります。

「家に何を求めるのか？」

住宅展示場に行く前に、ぜひもう一度、みなさんに考え直していただきたいのです。

おわりに

本文で述べましたように、住み心地の質感は、「構造」・「断熱」と「換気」・「冷暖房」の方法の組み合わせ方によって、大きく変わります。ビッグフレームを用いて構造を頑丈にしたから、断熱をドイツの先進基準と同等にしたから、「ゼロ・エネルギー」だからといって住み心地が良くなるわけではありません。「構造」と「断熱」をいくら強化してみても、「換気」と「冷暖房」の組み合わせ方によって、住み心地は台無しになってしまいます。

住宅展示場を賑わしているハウスメーカーや、「無垢の木と漆喰」を自慢する造り手、「エアコンのいらない家」の提唱者たちには、それが分かっていないようです。

私は、家づくりに携わって以来、ひたすら住み心地を追求してきました。

いくら高級ブランドであっても、履き心地の悪い靴、着心地の悪い服、座り心地の悪い椅子や、どんなに燃費に優れていても、乗り心地の悪い車は欲しくありません。
それらよりも飛びぬけて高額な家に、なぜ皆さんは最上の住み心地を求めないのでしょうか。

住宅本のほとんどが住み心地に触れていません。その理由は、著者が実際に住んでいないからです。「この家がいい」という本を世に問うのであれば、自ら住んで、100軒以上の家を建て、3年以上すべての暮らしをフォローして、住み心地に満足しているという実証を得てからにすべきです。住む人の幸せを心から願うのであれば、当然のことなのです。

今回、改訂版発行をするに際して振り返ってみますと、私はすでに「涼温な家」に住んで7年が過ぎました。「いい家」をつくる会の会員さんたちで1000棟以上建てています。

ほどよい暖かさ、涼しさ、空気の気持ちよさで体調が良くなり、何事にも積極的になり、人生に「家に住む楽しさ」という最高のプレゼントをもたらしてくれたと、皆さまが心から喜ばれています。

その喜びの声の一部が、「ii-ie.com」に「住み心地感想」として紹介されています。ぜひご覧ください。

文中、ご協力をいただいたお客様方に心から感謝申し上げます。

住み心地を体感できるモデルハウスが、東京都小平市、横浜市緑区長津田をはじめ、各地にあります。

ぜひ体感にお越しください。

「こんな家があったのか」と、きっと驚かれることでしょう。

松井修三

■〈「いい家」をつくる会〉事務局

〒一八七—〇〇一一
東京都小平市鈴木町二—二二一—三（マツミハウジング株式会社内）
フリーダイヤル　0120—04—1230
電　話　042—467—4123
FAX　042—467—4125

■「住み心地体感ハウス」（商標登録済み）

四季折々の「住み心地」を心ゆくまで味わえる「住み心地体感ハウス」が各地にあります。その中には、宿泊して体感できるところもあります。

●「いい家」三部作

拙著〈「いい家」が欲しい。〉（創英社・三省堂書店）には、二冊の副読本があります。

一冊は、久保田紀子著〈さらに「いい家」を求めて〉（ごま書房新社）です。主婦が、「住む体験」に基づいて語る家づくり論は、他の住宅本では得られない感動をもたらすでしょう。感性が豊かで、想像力に優れた人は、こういう視点で家づくりを評価し、選択するものなのか、家造りの視界が一挙に広がることでしょう。二〇一八年四月に「新・改訂版」が発行されました。

もう一冊は、松井祐三著〈だから「いい家」を建てる。〉です。著者は、「涼温換気」を私と共に開発し、特許を取得しました。この本は、「家造りは科学である」という著者の信念に基づいて書かれたもので、家の見方を一八〇度変える本として注目されています。また、著者は、基礎外断熱の物理的防蟻工法

（ＭＰ工法・特許）の開発者でもあります。自らの体験と、一級建築士として
の豊富な実務経験から語る家づくり論は他に類がないものです。

「涼温な家」づくり勉強会

日曜日の午後二時から、東京都小平市と横浜市長津田にある「住み心地体感ハウス」にて、体感・勉強会が開かれています。

予約申し込みは、マツミハウジング（株）
電話（フリーダイヤル）0120―04―1230　ＦＡＸ　042―467―4125
インターネットをご利用の方は、http://www.matsumi.com/
メールアドレス info@matsumi.com へどうぞ。
「住み心地体感ハウス」の見学もご予約ください。毎週水曜日は定休です。
お会いできる日を楽しみにしています。

■〈商標登録〉

涼温な家・全館涼温房・涼温換気・新換気・センターダクト・住み心地

住み心地体感ハウス・住み心地一番の家

著者プロフィール

松井修三（まつい　しゅうぞう）

1939年神奈川県厚木市に生まれる。1961年中央大学法律学科卒。

1972年マツミハウジング株式会社創業。

「住いとは幸せの器である。住む人の幸せを心から願える者でなければ住い造りに携わってはならない」という信条のもとに、木造軸組による注文住宅造りに専念。

2000年1月23日、朝日新聞「天声人語」に外断熱しかやらない工務店主として取り上げられた。

著書に『「いい家」が欲しい。』（創英社/三省堂書店）『家に何を求めるのか』（創英社/三省堂書店）がある。

改訂版　涼温な家®

発行日　平成26年7月18日　初刷発行　平成26年8月7日　2刷発行
平成26年12月19日　3刷発行　平成27年11月30日　4刷発行
平成29年1月18日　5刷発行　平成30年4月18日　6刷発行
令和2年2月22日　改訂版初刷発行

著　者　松井修三
〒187-0011　東京都小平市鈴木町2-221-3
電話 042-467-4123　Fax 042-467-4125

発行・発売　創英社／三省堂書店
〒101-0051　東京都千代田区神田神保町1-1
電話 03-3291-2295　Fax 03-3292-7687

印刷所　三省堂印刷株式会社

ISBN978-4-86659-114-8　C2077